❻

조선 사람들, 외침을 극복하다

'행복한 초등학교'를 펴내며

아름다운 세상, 행복한 삶을 위하여

    출판사 휴머니스트는 어느 날, 새로운 꿈을 꾸었습니다. 세계인과 교류하고 소통하며 21세기를 살아갈 우리 어린이들의 행복한 삶, 그 아이들이 만들 아름다운 세상을 함께 설계하고 싶다는 소망이었습니다. 이 같은 생각에 불을 붙인 분들은 바로 학부모님과 선생님들이었습니다. 휴머니스트가 2002년 펴낸 중·고생용 대안 교과서 〈살아있는 한국사 교과서〉를 보신 그분들은 다른 영역의 대안 교과서와 더불어 초등학생을 위한 대안 교과서도 출간하라고 열렬히 요구하며 성원해 주셨습니다.

    〈행복한 초등학교〉는 저희들이 400만 초등학생과 학부모, 선생님 들의 소망을 담아 가치 있고 미래 지향적인 대안 교과서를 개발하겠다는 목표를 세우고 지난 3년 동안 정성을 기울인 결실입니다. 지식 교양의 기초 영역을 체계적으로 재구성하는 이 기획은 수학, 과학, 영어, 한국사로 출발하여 세계사, 철학, 인권, 생명 등 초등학생들이 지적·정서적으로 아름답게 성장하기 위해 필요한 모든 영역을 담아 나갈 것입니다.

    〈행복한 초등학교〉를 기획하고 만든 분들은 독자 여러분입니다. 앞으로 이 시리즈가 더욱 알차게 뻗어 나갈 수 있도록, 그래서 우리 아이들을 둘러싼 교육 환경이 더욱 행복해지도록 만들어 주실 분들도 학부모님과 선생님들입니다. 한 분 한 분을 저자와 편집자로 모시기 위해 언제든 문을 열어 두고, 찾아가겠습니다. 많은 관심과 조언을 부탁드립니다. 감사합니다.

편집인 한필훈

행복한 한국사 초등학교

6

조선 사람들, 외침을 극복하다

전국역사교사모임 지음 · 김창희 외 그림

휴먼 어린이

초대하는 글

역사책을 읽으며 웃고 우는 너희를 보고 싶다

〈행복한 한국사 초등학교〉를 막 펼쳐 든 아이들아! 이 책은 우리나라의 역사에 대해 쓴 책이란다. 글을 쓴 우리는 모두 학교에서 역사를 가르치는 선생님이면서, 너희 같은 아들 딸을 둔 부모이기도 해. 너희는 '역사', '역사책'이라고 하면 어떤 생각이 드니?

민경 : 아, 또 역사책이야? 엄마가 들이미는 역사책은 재미없고 지루한데……. 나는 해리포터 같은 소설책이 좋아요. 한번 읽기 시작하면 점점 빠져들고, 뒷이야기가 궁금해져서 견딜 수가 없거든요. 수많은 사람의 삶에 대한 이야기는 읽고 나면 감동도 밀려와요. 하지만 역사책은

별로 재미도 없고 감동도 주지 않으면서 괜히 폼만 잡아요. "이것도 알아야 한다." "저것도 중요하다."고 외워야 할 것만 죽 늘어놓아요.

역사가 재미없다고? 그래 맞아. 너희가 그렇게 생각하는 것도 무리는 아니지. 역사 속 수많은 사람의 모습 대신 이름만 남고, 무슨 뜻인지도 모르고 외워야 할 제도만 남은 역사책은 재미없는 게 당연하단다. 하지만 역사야말로 수많은 사람이 얽히고설키면서 만들어 간 가장 웅장하고 아름다운 이야기, 가장 극적인 울트라 수퍼 드라마란다.
우리는 옛 사람들의 삶과 이야기가 묻어나는 살아 있는 역사를 들려주고 싶었단다. 딱딱한 제도와 이름에 숨결을 불어넣어서 너희와 생생하게 만나게 하고 싶었어. 그래서 우리는 옛날 사람들이 남긴 책과 유물, 유적, 다양한 흔적을 열심히 살펴보았단다. 이러한 것들을 '사료'라고 하지. 옛 사람들의 숨결과 생각이 담긴 사료들은 아주 생동감 있고 진실한 이야기로 다시 태어나서 너희에게 그 시대 사람들의 삶을 실감나게 보여 줄 거야.

형주 : 나는 역사책을 좋아해요. 역사책을 읽으면 새롭게 배우는 것이 많거든요. 나는 최초의 근대적 조약은 강화도 조약이고, 최초의 근대적 병원이 광혜원이라는 것도 알아요. 대단하죠? 그런데 도대체 '근대적'이라는 것이 무슨 뜻인가요?

형주는 아는 것이 정말 많구나! 그런데 역사 공부는 퀴즈 대회를 준비하는 것과는 다르단다. 역사를 좋아하고 역사책을 많이 읽었다는 아이들 가운데에는 형주처럼 아는 것은 많지만, 역사라는 커다란 그림을 잘 못 보는 아이도 많단다. 길을 갈 때 보도블록의 모양을 자세히 들여다보느라고 내가 어디로 가고 있는지 보지 못하는 경우처럼 말이야.

시간의 흐름을 칼로 자를 수 없듯이 역사도 계속 이어진다. 한 사건은 다른 사건을 낳고, 그 사건은 또 다른 사건으로 이어지고……. 눈에 보이지 않는 작은 변화들이 모여서 어느덧 완전히 다른 모습의 사회가 만들어지기도 했단다. 그 속에서 수많은 사람이 어려움을 이겨 내기도 하고, 길이 기억될 만한 멋진 문화 유산을 남기기도 했지. 이렇게 큰 그림을 보듯 역사를 만나면, 어느덧 사회를 읽는 눈과 사람을 보는 눈을 키울 수 있게 된단다.

우형 : 우리나라 역사는 갑갑해서 싫어요. 피라미드나 베르사유 궁전처럼 크고 화려한 유적도 없고, 영토도 좁고, 만날 다른 나라한테 얻어터지기나 하고. 우리나라 역사를 읽으면 자꾸 우울해져요. 우리가 일본보다 먼저 서양 문물을 받아들였다면, 일본의 식민지가 되지도 않았을 테고, 만주 땅도 다 우리 땅이 되었을 텐데 말이죠.

우리가 힘이 세서 다른 나라를 쳐들어갔다면 자랑스러운 역사일까? 자랑스러운 역사, 빛나는 역사는 땅덩어리의 크기나 전쟁의 승리로 정해지는 것이 아니란다. 〈행복한 한국사 초등학교〉를 열심히 읽다 보면, 우리나라 사람들이 얼마나 열심히 씩씩하게 살아 왔는지를 알게 될 거야. 끊임없는 전쟁 속에서도 굳건히 가꾸어 온 희망, 앞이 보이지 않는 역경을 헤쳐 나온 지혜, 좌절을 딛고 일어선 용기를 배울 수 있을 거야. 그러면서 너희는 분명 우리나라 역사를 사랑하게 될 거야.

너희가 만들어 갈 세상은 우리가 살아 온 지난날보다 더 나은 모습이기를 바란다. 미래를 만들어 가는 데 과거를 바라보는 것만큼 도움이 되는 것도 없지. 우리는 〈행복한 한국사 초등학교〉가 너희에게 그런 도움을 주었으면 하고 간절히 바란단다.

지금부터 우리 조상들이 살아 온 5000년의 이야기, 꿈을 꾼 사람들, 희망을 노래한 사람들, 성공한 사람들과 좌절한 사람들, 실패한 듯 보였지만 역사 속에서 살아난 사람들의 이야기를 들려줄게. 그 속에서 너희가 주인공이 될 멋진 미래를 꿈꾸어 보렴.

2009년 2월
글쓴이들

차례

'행복한 초등학교'를 펴내며   4
초대하는 글   6

1. 선비들이 여는 세상

왕과 신하의 줄다리기   16
붕당으로 무리 짓는 선비들   36
퇴계 이황과 율곡 이이   46
문화재를 찾아서 | 백자의 나라, 조선   60

2. 조선을 뒤흔든 전란

임진년에 시작된 7년의 전쟁	66
전쟁의 상처를 이겨 내는 사람들	92
북쪽에서 불어오는 시련의 바람	104
세계 속의 한국 ｜ 하멜의 눈에 비친 조선	128

3. 조선의 향촌 마을

선비가 꿈꾸는 아름다운 세상	134
사랑채의 이 진사, 안채의 김씨 부인	150
풍년을 기원하는 마을 사람들	166
만약에 ｜ 조선 시대에는 어떤 놀이를 했을까	180

연표	182
사진 자료 제공	185
찾아보기	186
집필 후기	188

선비들이 여는 세상

1494년 성종이 세상을 떠나고, 연산군이 즉위하다.
1498년 '조의제문' 때문에 무오사화가 일어나다.
1504년 박원종 등이 중종반정을 일으켜 연산군을 쫓아내다.
1518년 현량과가 실시되다.
　　　　기묘사화로 조광조가 쫓겨나 죽음을 당하다.
1545년 명종이 즉위하다.
　　　　문정 왕후가 수렴청정하다.
1559년 황해도에서 임꺽정의 난이 일어나다.
1562년 임꺽정이 체포되어 죽다.
1568년 이황이 〈성학십도〉를 짓다.

1519년 어느 봄날.

대궐 안으로 흐르는 냇물을 타고 떠내려온 벌레 먹은 나뭇잎 한 장이

궁녀의 눈에 띄었다.

'참 이상하게 생긴 나뭇잎이네.'

벌레가 파먹은 듯 드문드문 생긴 구멍이

글자를 만들어 냈다. 나뭇잎의 네 글자는 이랬다.

'走(주), 肖(초), 爲(위), 王(왕)'

走(주)와 肖(초)를 합치면 趙(조)가 되니,

'조씨가 왕이 되려고 한다.'는 뜻이었다.

설마, 벌레가 글자를 알 리가 있나?

누군가 꾸며 낸 일이 틀림없었다. 이 해괴한 나뭇잎

이야기는 삽시간에 대궐 전체로 퍼져 나가

왕의 귀에까지 들어갔다.

영문도 모른 채 끌려간 조광조는 죄인이 되어 벼슬에서 쫓겨났다.

그를 따르던 많은 선비도 함께 쫓겨났다.

푸른 하늘을 품에 안고 싶었던 선비, 조광조.

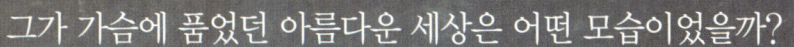

부러지면 부러졌지 굽히지 않으려고 했던 대쪽 같은 선비, 조광조.

목숨과 맞바꾼 그의 꿈은 무엇이었을까?

그가 가슴에 품었던 아름다운 세상은 어떤 모습이었을까?

왕과 신하의 줄다리기

고집 센 젊은 왕, 연산군

조선이 건국되고 100여 년의 세월이 흐른 1495년 어느 날. 이른 아침부터 왕과 신하들 사이에 팽팽한 긴장감이 감돌았다.

"내가 왕이 되자마자 경들의 마음을 불편하게 해서 미안하오. 하지만 이번에는 나의 뜻을 받아 주면 좋겠소."

젊은 왕의 목소리에는 힘이 실려 있었다. 왕은 얼마 전 세상을 떠난 아버지 성종을 위해 스님들을 불러 재를 올리도록 하였다. 재는 돌아가신 분이 극락으로 갈 수 있도록 부처님께 정성을 올리는 의식이다. 조정 대신들은 재를 올리는 일에 기를 쓰고 반대하고 나섰다.

"저희도 전하께 죄송합니다. 하지만 저희뿐 아니라 성균관에서 공부하는 학생들까지 대궐 문밖에 모여 재를 올리는 일은 잘못되었다고 아뢰고 있습니다."

대답하는 왕의 목소리 톤이 점점 더 올라갔다.

"돌아가신 선대왕을 위해 재를 올리는 일은 오래전부터 해 오던 의식이오. 새삼스럽게 왜 반대하는 거요?"

"재를 올리는 일이 불교 의식이기 때문입니다. 조선은 공자와 맹자 그리고 주자의 가르침을 따르는 유교의 나라가 아니옵니까?"

다른 이도 거들고 나섰다.

"유교의 가르침에 따른 제사도 있는데, 돌아가신 분을 불교 의식으로 위로하는 일은 천부당만부당한 처사이옵니다."

왕도 고집을 꺾지 않았다.

"할마마마와 어마마마 두 분께서도 간절히 원하는 일이니 재를 올리도록 합시다."

"잘못된 일은 지금이라도 고쳐야 하옵니다. 왕실에서 부처를 따르면 백성들이 어찌 생각하겠습니까?"

"그대들의 말도 옳소. 하지만 할마마마의 마음을 아프게 하는 것도 유교의 가르침인 효에 어긋나오. 그러니 더 이상 왈가왈부하지 마시오."

못을 치듯 한마디 한마디를 힘주어 말하는 젊은 왕에게 대신들도 더는 맞서지 못하였다.

열아홉 살 젊은 왕은 백성들의 사랑을 한 몸에 받던 성종의 아들이다. 어려서부터 아버지를 본받아 훌륭한 왕이 되는 데 필요한 덕목들을 묵묵히 배웠다. 사냥과 시 짓기를 즐기고, 경치 좋은 곳에서 잔치를 열기 좋아하는 것은 아버지 성종을 쏙 빼닮았다. 아버지만큼 공부를 좋아하지는 않았지만, 자신이 옳다고 생각하는 일을 끝까지 밀고 나가는 끈기와 고집을 가지고 있었다.

'좋은 정치를 하려면 모두가 왕을 두렵게 여겨야 해. 그러려면 신하들에게 눌리지 않는 강한 힘을 가진 왕이 되어야 한다.'

새 왕은 두 주먹을 불끈 쥐었다. 백성을 위한 정치를 하기 위해 암행어사를 파견하여 백성을 괴롭히는 수령을 찾아 큰 벌을 주기도 하였다.

성종은 신하들의 갖가지 의견들, 시시콜콜한 잔소리를 참을성 있게 들어주었다. 짜증이 나는 것도 꾹 참고 끝까지 다 들어주었고, 신하들이 원하는 대로 따르려고 노력하였다. 하지만 새 왕은 전혀 달랐다.

"조선의 왕은 나란 말이다. 누가 나에게 감히 이래라저래라 잔소리를 한단 말이냐?"

왕의 이런 모습을 달갑지 않게 여기는 신하가 점점 많아졌다.

"왕이 된 지 얼마나 되었다고, 뭐든 자기 마음대로만 하려고 하지?"

"어질고 너그러우셨던 선대왕과는 완전 딴판이군!"

"어쩌면 아버지와 아들이 이렇게 다를 수 있을까?"

성종이 사냥을 하고 잔치를 열면 멋진 풍류 국왕으로 너그럽게 보아주던 사람들이 새 왕이 똑같은 행동을 하면 사치하고 방탕하다며 눈살을 찌푸렸다. 특히 높은 벼슬과 많은 땅, 노비와 재산을 가지고 권세를 누리던 훈구 대신들과 새 왕은 날이 갈수록 사이가 나빠졌다.

"감히 왕에게 맞서려 들다니……."

"하룻강아지 범 무서운 줄 모른다더니, 왕이면 다 되는 줄 아나 보군!"

청렴하고 학문을 좋아하는 사림들도 젊은 왕을 좋아하지 않았다. 나라를 위해 아무리 좋은 의견을 열심히 말해도 귀담아듣지 않고 끝내 제 생각대로만 하는 모습이 도무지 마음에 들지 않았던 것이다. 조정은 날이 갈수록 시끄러웠다. 훈구와 사림도 서로 으르렁댔다. 사림들은 훈구 대신들의 욕심과 잘못된 정치를 날카롭게 비판하였고, 훈구 대신들은 눈엣가시 같은 사림들을 몰아낼 기회를 호시탐탐 노렸다. 불안한 소용돌이가 서서히 일고 있었다.

사초가 불러온 피바람

실록청에 앉아 사초를 정리하던 김일손이 가는 붓을 벼루 위에 내려놓고 창밖으로 눈길을 돌렸다. 키 작은 나무 위에서 새 한 마리가 지저귀고 있었다.

'내가 과거에 합격하고 벼슬길에 나온 지도 벌써 10년이 넘었군.'

벼슬길에 나온 뒤 김일손은 여러 관직을 거쳤다. 춘추관의 사관으로 일하기도 했다. 사관은 왕의 말과 행동, 신하들의 행적 등을 매일매일 기록

하는 일을 했다. 어떤 일에서든 공정하고 올바른 기록을 남길 수 있는 강직한 성품을 가졌다고 인정을 받아야만 사관이 될 수 있었다. 이렇게 사관이 글로 써서 남긴 기록을 '사초'라고 한다. 사관들이 매일 남기는 사초는 그 어느 누구도, 심지어 왕조차도 볼 수 없도록 되어 있었다.

왕이 세상을 떠나면 산더미 같은 사초를 추리고 정리하여 수십 권의 '실록'을 만들었다. 실록을 만드는 일은 워낙 어려웠기 때문에 몇 년씩 걸렸다. 김일손은 다른 사관들과 함께 성종의 실록을 만들고 있었다.

'음, 이 내용은 꼭 실록에 넣어야겠군.'

김일손은 사초를 한 장 한 장 넘기면서 중요한 내용을 꼼꼼하게 옮겨 적었다.

"어험, 험험."

이극돈이 하얀 수염을 쓰다듬으며 안으로 들어왔다. 김일손은 얼른 일어나 공손히 허리를 굽혔다. 이극돈은 호조 판서, 병조 판서, 관찰사 등 높은 벼슬을 두루 지낸 훈구 대신으로 실록 편찬을 책임지고 있었다.

"수고가 많군. 자네 좀 앉아 보게."

"예, 대감."

이극돈이 은근한 목소리로 말하였다.

"그 일은 실록에 싣지 말게. 나의 부탁을 들어줄 수 있겠는가?"

김일손이 쓴 사초에는 세조의 왕비가 돌아가셨을 때 이극돈이 기생을 불러 잔치를 벌인 일 등이 적혀 있었다. 김일손은 고개를 가로저었다.

"잘못한 일은 잘못한 일로, 잘한 일은 잘한 일로 실어야 합니다."

이극돈의 얼굴이 화끈 달아올랐다.

'건방진 놈, 네가 나를 욕보이다니……. 어디 두고 보자.'
며칠 뒤 이극돈은 유자광과 함께 왕을 찾아갔다.
"전하, 사초를 살피다가 큰일을 하나 알게 되었사옵니다."
"무슨 일인가?"
"오래전에 김종직이 쓴 '조의제문'을 그의 제자인 사관 김일손이 사초에 옮겨 적었습니다. 그리고 그 내용을 실록에 넣으려고 합니다."
왕이 조금 긴장한 듯 허리를 세웠다.
"대체 조의제문이 무엇이오?"
이극돈이 짐짓 진땀을 닦는 척하며 말하였다.
"옛날 중국의 항우가 조카인 의제를 죽이고 초나라의 왕이 된 것을 빗대어…… 의제를 불쌍히 여기는 글을……."
왕이 손바닥으로 책상을 내려쳤다.
"나의 증조할아버지 세조 대왕께서 조카를 죽이고 왕이 되었다고 비난하는 건가? 이런 괘씸한……."
이 일로 김일손은 억울하게 죽음을 당하였다. 훈구들은 아예 이참에 사림들을 조정에서 몰아내려고 하였다. 김일손과 가까운 사람들, 김종직의 제자들이 반역을 꾀하였다는 죄목으로 죽거나 귀양을 갔다. 그뿐 아니라 이미 오래전에 죽은 김종직의 무덤을 파헤쳐 시신의 목을 베기까지 하였다.

연산군, 비참한 최후를 맞다

젊은 왕의 어머니는 폐비 윤씨였다. 어렴풋한 기억 속의 어머니는 중전의 자리에서 쫓겨나 대궐 밖으로 내쳐졌다. 그 뒤로 새로운 중전 마마를 어머니로 부르면서 자랐다. 왕은 친어머니가 억울하게 사약을 받고 죽은 일까지 자세히 알지는 못하였다. 그래서 왕이 그 일을 자세히 알게 될까 봐 두려워하는 사람이 많았다.

그런데 기어이 일이 터지고야 말았다. 임숭재라는 사람의 간교한 입놀림이 또다시 피바람을 불러온 것이다.

"흑흑…… 얼마나 어머니를 그리워하셨습니까. 중전 마마께서는 사악한 무리의 모함을 받아 쫓겨나시고, 사약을 받아 피를 토하며 돌아가셨습니다."

어머니 폐비 윤씨의 사연을 알게 된 왕은 눈물을 삼키며 각오를 다졌다.

'꼭 복수를 하리라. 나의 어머니를 그토록 비참하게 만든 대신들, 이놈들부터 가만두지 않겠다.'

그 후 반 년 동안 숱한 사람이 목숨을 내놓아야 했다.

"시커먼 제 놈들 욕심만 차리려고 나의 어머니에게 사약을 내리자고 한 놈들을 모두 죽여라!"

"왕이 잘못된 일을 하면 목숨을 걸고 말려야 하거늘, 나의 어머니께 사약을 내릴 때 잠자코 있었던 자들도 죄인이다. 그놈들도 죽여라!"

의금부 도사 이세좌는 폐비에게 사약 사발을 들고 갔던 죄로, 이극균은 의금부 당상으로 왕의 잘못을 깨우치지 않은 죄로 목숨을 잃었다.

"이미 죽은 정창손과 한명회의 관을 뼈개고 목을 잘라라!"

젊은 왕은 여기서 멈추지 않았다. 친어머니를 미워했던 할머니 인수 대비에게 달려가 머리로 들이받아 버렸다. 폐비 윤씨를 모함했던 아버지 성종의 후궁 둘도 죽였다. 인수 대비는 충격을 이기지 못하고 세상을 떠나고 말았다. 사람들 눈에 왕의 모습은 영락없는 저승사자였으니 말 한마디, 눈짓 하나에 그저 벌벌 떨 수밖에 없었다. 이제 왕의 곁에서 옳은 말을 하는 사람도 없었다.

왕은 죽거나 쫓겨난 훈구 대신들의 토지와 노비를 빼앗아 나라의 곳간을 채웠다. 이 와중에 훈구는 물론 사림들도 된서리를 맞았다.

"잘 보란 말이다. 이 나라에서 가장 힘이 강한 사람은 바로 나다. 훈구건 사림이건 감히 신하가 왕에게 맞서는 것은 용서치 않을 테다."

화려한 잔치를 열고 많은 악사를 불러들이는 데 돈을 쓰며 왕의 힘을 보여 주려고 했다. 왕에게 조금이라도 맞섰다가는 그 길로 목이 달아나기 일쑤였다. 도성 근처에 살고 있는 백성들을 멀리 내쫓고 사냥터를 만들었다. 백성들의 원성이 하늘을 찔렀다. 급기야 운종가 거리에 왕을 욕하는 한

글 벽보가 나붙었다.

"어떤 놈이 감히 나를…… 한성부를 이 잡듯 뒤져서라도 범인을 찾아내라!"

한글을 안다는 사람은 모조리 잡혀와 글씨체를 감정 받아야 했다. 감옥은 잡혀 온 백성들로 넘쳐 났고, 매를 때리고 문초하는 일을 맡을 사람이 부족할 정도였다. 범인이 도망가지 못하게 하려고 한성부 문을 닫아걸어 가난한 사람들은 땔나무와 양식을 얻지도 못하였다. 그래도 범인은 잡히지 않았다. 화가 머리끝까지 오른 왕은 한글을 사용하지 못하도록 명령을 내렸다.

"언문을 절대 사용하지 못하도록 하라. 언문을 쓰는 자는 이유를 묻지 않고 사형에 처할 것이다."

사람들의 마음이 분노와 두려움으로 부글부글 끓었다. 위로는 조정의 대신들부터 아래로는 가난한 백성들까지 모두 왕을 미워하였다. 드디어 박원종, 성희안, 유순정 등이 군사를 일으켜 대궐로 쳐들어갔다. 내시들과 호위 군사들조차 뿔뿔이 흩어져 달아났다. 붙잡힌 왕은 강화도로 쫓겨나 두 달 뒤에 죽었다. 한때는 천하를 호령하던 왕이었건만, 지켜보는 사람 하나 없이 쓸쓸하고 허망한 최후를 맞았다. 그리고 조나 종의 칭호도

연산군 묘
서울시 도봉구 방학동에 있는 연산군과 부인 신씨의 무덤이다. 원래는 유배지였던 강화도 교동에 있었지만 나중에 이곳으로 옮겨졌다.

받지 못한 채 그저 왕자였음을 알리는 이름으로 불리게 되었다. 그가 바로 연산군이다.

반정으로 왕위에 오른 중종

연산군을 쫓아낸 사람들은 진성 대군을 중종으로 세웠다. 진성 대군은 연산군의 배다른 동생이다. 신하들이 왕을 내쫓고 새 왕을 세운 일은 조선이 열리고 처음 있는 일이었다. 백성들은 모든 세상 일이 바로잡히기를 바라며 새 임금을 맞이하였다.
"폭군이 쫓겨나다니, 정말 내 속이 다 시원하네."
"그러게 말일세. 곡식 빼앗지, 집 허물지, 딸 빼앗지. 아주 임금이 아니라 도적이었지."
"그런데, 임금은 만백성의 어버이인데, 신하들이 그렇게 쫓아내도 되는 건가?"
"예끼, 이 사람아. 백성의 마음은 하늘의 마음이라고 했네. 백성이 버린 왕은 하늘도 버리는 거야."
"그렇군. 백성의 마음이 새 세상, 새 하늘을 열게 만든 것이구먼."
박원종과 성희안 등은 폭군을 쫓아내고 나라를 구한 공신이 되어 모든 힘을 손에 넣었다.
중종도 그들의 눈치를 볼 수밖에 없었다.
'왕의 자리를 지키려면 당분간 저들의 눈치를 봐야 해. 기분은 나쁘지만 아직은 힘이 없는 허수아비 왕과 다를 바 없으니 조심해야지.'

중종은 박원종 무리가 원하는 대로 자그마치 107명이나 되는 사람을 공신으로 삼았다. 박원종과 성희안 등은 자기편을 많이 만들어 두려고 하였다.

"공신을 만들어 두면 우리에게 감사하는 마음을 갖게 될 테고, 우리 생각대로 움직여 줄 걸세. 안 그런가?"

"암, 그렇고 말고."

조정의 웬만한 사람들은 모두 공신이 되었다. 이들 중에는 중종을 왕으로 세우는 데 아무런 일도 하지 않은 거짓 공신도 많았다. 심지어 1등 공신 중에도 이렇다 할 공이 없는 사람이 수두룩하였다.

공신에게는 높은 벼슬과 수십 수백 명의 노비 그리고 엄청나게 넓은 땅을 상으로 주었다. 공신들의 땅에서는 세금조차 걷지 않았다. 그러니 공신이 늘수록 왕실과 나라 살림살이는 어려워질 수밖에 없었다. 게다가 공신이라는 것을 내세워 백성들의 재산과 땅을 빼앗아 제 배를 불리는 데 혈안이 된 자도 많았다.

백성들의 눈에는 이런 모습이 몹시 거슬렸다.

"호랑이가 없는 산골에서는 여우가 왕이라더니……."

"쳇, 어중이떠중이 모두 공신이면, 나도 1등 공신이겠네!"

공신들의 위세에 눌린 중종은 아내와 생이별하는 아픔까지 겪었다. 왕자 시절에 결혼한 아내 신씨가 중전이 된 지 일주일 만에 대궐 밖으로 내쳐진 것이다. 신씨의 고모가 연산군의 왕비인 데다 아버지가 박원종에 반대하다가 죽음을 당했으니 무사할 수 없었다. 서로 극진히 아끼고 사랑했던 두 사람은 죽을 때까지 다시는 만나지 못하였다.

중종과 조광조의 운명적인 만남

중종에게도 서서히 기회가 찾아왔다. 반정 3공신이라 불리며 조정을 쥐락펴락하던 박원종, 성희안, 유순정도 세월을 이기지는 못했다. 4년 뒤 박원종이 세상을 떠나고, 그 뒤를 따라 2년 뒤에는 유순정이, 그 다음해에는 성희안이 죽었다.

이제 스물다섯 살, 어엿한 청년이 된 중종은 서서히 자신의 뜻을 펼칠 준비를 하였다. 그러려면 힘이 되어 줄 수 있는 사람, 훈구 대신에게 맞서 자신을 도와줄 신하가 필요하였다. 중종은 사림들을 마음에 두었다.

어느 날 중종은 조정 대신을 이끌고 성균관으로 향하였다. 공자를 모신 대성전에 참배를 한 뒤 성균관에서 '알성시'라 불린 과거 시험을 치르도록 하였다. 이 시험은 성균관 학생들만 볼 수 있는 특권이었다. 여기서 합격하면 조정의 벼슬길로 나아가 제대로 꿈을 펼칠 수 있었다. 중종은 평소 마음속에 품고 있던 고민을 시험 문제로 냈다.

공자는 3년이면 나라를 태평하게 만들 수 있다고 하였다.
그런데 나는 왕이 된 지 10년이 지났건만 아무것도 하지 못하였다.
어떻게 하면 공자의 뜻을 이룰 수 있겠는가?

쟁쟁한 인재들이 써낸 답안지 가운데 1등, 장원으로 뽑힌 답안지는 힘찬 글씨에 원대한 포부가 빛나고 있었다.

정치를 한다는 것은 올바른 도(道)를 밝히는 것입니다. 임금이 마음을 닦아서 도를 품고 있으면 굳이 기강과 법도를 내세우지 않아도 나라가 잘 다스려질 것입니다. 비유를 해 본다면, 임금은 하늘이요, 신하는 봄·여름·가을·겨울의 사계절입니다. 하늘이 뜻을 품어도 사계절이 제구실을 하지 못하면, 세상의 모든 것들이 자라고, 꽃피우고, 열매 맺지 못합니다. 마찬가지로 임금은 스스로 정치를 하려고 들지 말고 신하들에게 맡겨야 합니다.

임금과 신하가 서로 믿고 공경한다면 나라는 저절로 잘 다스려질 것입니다. 전하께서 먼저 도를 밝히는 태도로 나라를 다스리는 중심을 잡으십시오. 그러면 조정과 나라의 기강이 서고 법도가 바로잡힐 것입니다.

중종의 마음에 쏙 든 답안지를 제출해 장원을 한 주인공은 바로 정암 조광조이다. 그는 성균관에서 공부하던 선비 가운데서도 뭇사람들의 시선을 끄는 사람이었다. 주위의 어떤 상황에도 아랑곳하지 않고 한 점 흐트러짐 없이 열심히 공부하였을 뿐만 아니라 유교의 가르침대로 살고자 노력하였다. 조광조는 젊은 사림을 대표하는 학자이기도 했다.

조광조는 폭군이 백성을 괴롭히고, 신하가 임금을 쫓아내는 어지러운 세상을 바로잡을 방법은 하늘의 뜻을 받드는 임금과 청렴결백한 선비가 함께 정치를 펴는 길밖에 없다고 생각하였다. 그리고 그 꿈을 이루기 위해 자신의 일생을 바치겠다고 굳게 마음먹었다.

"여보게, 정암 축하하네. 어제 사간원 정언 벼슬을 받았다고 들었네."

성균관에서 함께 공부하던 친구가 축하해 주자 조광조가 환하게 웃으며 대답하였다.

"고맙네, 이제 시작일 뿐인걸. 방금 전하께 정언으로서 한 말씀 올리고 나오는 길일세."

"첫날부터 무슨 말씀을 드렸는가?"

"사간원 정언은 왕이 잘못하는 일에 대해서도 가을 서릿발처럼 바른 말을 할 수 있어야 하는 자리 아닌가?"

"그렇지. 그래야 나라가 바로 설 수 있지."

친구가 고개를 끄덕였다.

"그런데 지금 사간원에는 간신배들과 손잡은 정언, 훈구들처럼 권세에 눈먼 정언들이 있단 말일세. 그들을 파직시켜 달라고 청을 올렸네. 아니면 내가 그만두든지……."

"역시, 조광조답네 그려. 부러지는 한이 있어도 절대 굽히지 않는 조광조 말일세. 그래도 조심하게나."

중종은 조광조의 말에 열심히 귀를 기울였다. 조광조와 그를 따르는 사림들, 선비들을 모아 새로운 정치를 열어 갈 꿈에 부풀었다.

"오늘 경연에서 발표하는 사람이 누구인가?"

"조광조이옵니다."

"오~ 그래, 정말 기대가 되는군."

중종이 경연장에서 자리를 잡자, 조광조가 입을 열었다. 두 눈이 맑게 빛나고 목소리가 힘차게 울렸다.

"오늘은 훌륭한 정치에 대한 소신의 생각을 말씀드릴까 합니다."

"말해 보시오."

"훌륭한 정치는 백성이 넉넉하게 먹고살 수 있는 세상, 모든 사람이 어질고 의롭게 살 수 있는 세상을 만드는 것입니다. 그 옛날 중국의 요 임금과 순 임금의 정치를 본받아야 합니다."

"그런 정치를 펴려면 내가 어떻게 해야 하는가?"

"옛 중국의 요 임금과 순 임금 같은 분들이 어떻게 나라를 다스렸는지 공부하시고, 덕을 먼저 쌓으십시오. 그러면 아랫사람들이 감동하여 따를 것입니다. 요즘에 가뭄과 홍수 등 천재지변이 자주 일어나는 것은 임금이 부지런히 덕을 쌓아야 한다는 하늘의 경고입니다."

중종이 고개를 끄덕이며 대답했다.

"알겠소. 앞으로 더욱더 열심히 덕을 닦아서 만백성과 신하들의 모범이 되도록 하겠소."

소격서를 없애 주소서

계절이 여러 번 바뀌고 더운 여름이 되었다. 조광조는 사간원, 사헌부의 관리들과 함께 소격서를 없애야 한다는 상소를 왕에게 올렸다. 소격서는 도교 의식에 따라 제사를 지내는 관청이다. 도교는 신선을 받들고 불로장생을 기도하는 종교인데, 조선이 세워지기 훨씬 이전부터 도교를 따르는 사람이 많았다. 조선에서도 도교식 제사를 지내면서 왕실과 나라의 안녕을 기원하였다.

"신, 조광조 아뢰옵니다. 도교 제사 같은 미신 풍습은 유학의 도를 따라 나라를 다스리는 데 해로움만 있을 뿐 도움이 되는 일이 하나도 없습니다."

조광조의 성품을 잘 아는 중종이 타이르듯 말하였다.

"경의 뜻은 알겠지만, 오래도록 이어온 전통을 바꾸기란 쉽지 않으니 조금 더 천천히 생각해 보겠소."

조광조가 고집을 세웠다.

"잘못된 것은 빨리 고치셔야 합니다."

"글쎄, 선대왕들께서도 도교식 제사를 지내셨는데, 내가 갑자기 없애기는 좀 그렇지 않겠소?"

"젊으신 전하께서 그렇게 말씀하시면 아니 되옵니다. 정말 실망을 금치 못하겠사옵니다."

조광조는 거침이 없었다.

"무어라?"

중종의 표정에 언짢은 기색이 역력했다.

"신 등은 소격서를 없애실 때까지 절대로 물러나지 않을 것이옵니다."

조광조와 동료 여러 명이 승정원에서 소격서를 없애야 한다고 주장하였다. 날이 저물고 밤이 깊어 새벽 동이 틀 때까지 쉬지 않고 외치고 또 외쳤다.

"전하, 소격서를 폐쇄하소서."

"폐쇄하소서."

중종은 지겨웠다. 잠을 잘 수도 없을 뿐더러 다른 일을 할 수도 없었다.

'정말 지독한 자로구나. 나를 위협하겠다는 것인가?'

다음 날, 중종은 대신들과 의논한 끝에 소격서를 폐쇄하도록 하였다. 조광조는 뜻을 이루었지만, 왕의 마음은 조광조에게서 조금씩 멀어지고 있었다.

조광조는 벼슬이 점점 더 높아져 조선 최고의 학자만 오를 수 있다는 홍문관 부제학이 되었다. 그의 나이 불과 서른일곱이었다. 과거 급제 후 3년 만의 엄청나게 빠른 승진이었고 출세였다. 조광조는 자신이 꿈꾸는 국가, 임금과 신하가 함께 어진 덕과 예의로 다스리는 나라를 만들기 위해 황소걸음으로 뚜벅뚜벅 나아갔다.

"전하, 지금의 과거 제도로는 진짜 인재를 가려내기 어렵사옵니다."

"그러면 어떻게 뽑아야 한단 말이오?"

"지금의 과거 시험은 누가 유교 경전을 잘 외우고 글을 잘 짓는가로 평가합니다. 올곧은 마음과 덕을 지닌 인재를 가려내려면, 선비들의 추천을 받는 것이 좋을 듯하옵니다."

중종은 조광조의 뜻을 선선히 받아들였다.

'깨끗한 선비를 더 많이 조정에 불러들이면 훈구들의 힘도 그만큼 약해지겠지.'

곧 전국에서 추천받은 인재 가운데 학식과 인품을 두루 갖춘 28명을 뽑았다. 그러나 조광조와 그를 따르는 선비들을 곱지 않은 눈으로 보는 사람도 많았다.

"자기들만 군자의 무리, 군자의 붕당이라고 으스대면서 우리 같은 공신을 소인배 취급하다니, 가만두지 않을 테다!"

"쳇, 자기편 사람들을 뽑기 위한 얕은꾀인 것을 누가 모를 줄 알고? 게다가 감히 신하들이 무리를 지어서 임금을 누르려고 하다니…… 오래 못 갈 걸세."

대쪽처럼 푸른 꿈 가슴에 묻고

해가 바뀌었다. 오늘따라 창덕궁으로 향하는 조광조의 발걸음에 더욱 힘이 실렸다. 왕은 조광조를 보고 미소를 지었으나 예전처럼 반기지는 않았다.

"어서 오시오, 대사헌. 오늘은 무슨 중요한 이야기가 있는가 보구려."

"예, 전하. 이제는 때가 되었습니다."

"무슨 때를 말하는 거요?"

"거짓 공신을 가려낼 때가 되었다는 뜻입니다."

조광조는 마음속에 품고 있던 말을 흐르는 물처럼 쏟아냈다.

"백성들은 가난하여 송곳 하나 꽂을 땅이 없는데 거짓 공신들의 땅은 끝이 보이지 않을 정도로 넓습니다. 게다가 거짓 공신들은 자자손손 부귀영화를 누리며 살고 있습니다. 이 같은 일이 과연 옳습니까?"

"그래서 어떻게 하면 좋겠소?"

"전하, 태조 대왕께서 이 나라를 세우셨을 때도 공신은 10명 정도였습니다. 그런데 지금은 공신이 100명도 넘습니다. 공이 없는데도 공신이 된 자가 너무 많습니다. 이들의 공신 지위와 벼슬을 거두시고, 땅을 빼앗아 가난한 백성들에게 나누어 주십시오."

"이미 공신으로 정했는데 어찌 취소할 수 있단 말이오."

중종은 더 이상 말을 하려 들지 않았다. 하지만 물러설 조광조가 아니었다. 다음 날부터 엉터리 공신들의 훈작을 빼앗아야 한다는 상소가 매일같이 올라왔다. 결국 열흘 남짓 흐른 뒤 중종은 76명 공신들의 훈작을 박

탈한다고 발표하였다.

조광조는 뿌듯했다.

'이제야 이 나라가 바른 길로 갈 수 있게 되었구나.'

그러나 당하고만 있을 공신들이 아니었다. 그들은 이미 조광조를 몰아내기 위해 조용히 일을 꾸미고 있었다.

나흘 뒤, 조광조는 한밤중에 난데없이 죄인이 되어 의금부로 끌려갔다. 곤장 100대를 맞고 모든 벼슬을 빼앗긴 채 전라도 능성으로 귀양 가게 되었다. 그와 함께하던 김정, 김식 등 많은 선비도 비슷한 일을 당하였다. 의금부 관원이 이들의 죄를 발표하였다.

"죄인들은 자기와 가까운 자를 추천하여 중요한 관직을 독차지하고 간악한 붕당을 만들어서 나라를 잘못된 길로 가게 만들었다……."

조광조는 마지막 순간까지 희망을 버리지 않았다.

'전하께서는 잠시 간신배에 홀리신 게 틀림없어. 곧 불러주실 거야.'

그러나 중종은 한 달 뒤 조광조에게 사약을 내렸다. 조광조는 가족과 벗들에게 편지를 쓴 뒤 시를 한 수 짓고는 세상을 훌훌 떠나갔다. 대쪽 같은 선비 조광조는 그렇게 갔다.

愛君如愛父 憂國如憂家
白日臨下土 昭昭照丹衷

임금을 사랑하기를 어버이 사랑하듯 했고,
나라 근심하기를 집안 근심하듯 했노라.
밝은 해가 아래 세상을 내려다보니,
거짓없는 이내 마음 환하게 비추리.

붕당으로 무리 짓는 선비들

태평성대는 저물어 가고

조광조가 세상을 떠난 뒤에도 중종은 20년도 넘게 왕위를 지켰다. 중종을 이어 왕이 된 인종은 아홉 달 만에 아버지를 따라갔다. 세상을 떠나기 전 인종은 하루하루 쇠약해지면서도 조광조와 김정, 김식 등 억울하게 죽어 간 사림들의 명예를 찾아 주었다. 빼앗긴 벼슬을 다시 내려 주고 죄인의 누명을 벗겨 주었던 것이다. 혹독한 시련을 겪은 사림들에게 따스한 봄이 오는 듯했다.

   인종은 정승들을 불러 유언을 하였다.

   "나는 병이 심해 다시 일어나기 힘들 것 같소. 나에게는 아들이 없으니 돌아가신 중종의 아들이자, 나의 동생인 경원 대군이 왕위를 이을 수 있도록 해 주시오."

   그리고 영원히 눈을 감았다. 어진 성품의 인종이 태평성대를 열어 줄 것을 기대했던 백성들은 크게 슬퍼하였다.

유언에 따라 왕위에 오른 명종은 겨우 열한 살 난 어린아이였다. 궁중 법도에 따라 어머니 문정 왕후가 수렴청정을 하였다. 그러자 문정 왕후의 동생 윤원형이 세도를 부리기 시작하였다.

"내가 누구인 줄 알아? 내가 바로 임금님의 외삼촌이라 이거야! 내 누이가 임금님의 어머니 대왕대비 마마라 이거야. 으하하하!"

조정에는 윤원형에게 굽실거리면서 벼슬을 한자리 얻거나 재물을 불려 보려는 무리가 들끓었다. 외척(왕의 처가나 외가 친척)이 권력을 휘두르고 조정이 부패하다 보니 지방 수령들도 백성들 쥐어짜기에 바빴다. 설상가상으로 몇 년 동안이나 흉년이 계속돼 나라 안은 거지 떼로 넘쳤다. 굶어 죽게 생긴 농민들은 도적 떼가 되었다. 바다를 건너온 왜구도 남쪽과 서쪽 해안 백성들을 끊임없이 괴롭혔다. 수십 척의 배를 앞세우고 건너와 해안을 휩쓸었다. 육지 깊숙이 들어와 마을을 약탈하고 사람을 죽이는 일도 서슴지 않았다. 그야말로 나라 전체가 아수라장이 되어 갔고 날이 갈수록 백성들의 마음이 흉흉해졌다.

"윤원형은 한성에 있는 집만 15채라며?"

"노비는 수천 명이나 된다는군."

"땅은 헤아릴 수도 없이 많다네. 뇌물을 가지고 온 자가 집 앞에 줄을 섰다는군."

"제대로 된 인재가 나랏일을 보아도 어려울 판에, 그 자에게 뇌물을 바친 사람들이 벼슬을 얻으면 우리 백성은 어찌 살까."

위로는 조정의 벼슬아치부터 아래로는 작은 고을의 수령까지 모두 제 욕심만 차리고 있으니, 백성들의 살림살이는 날이 갈수록 힘겹기만 하였

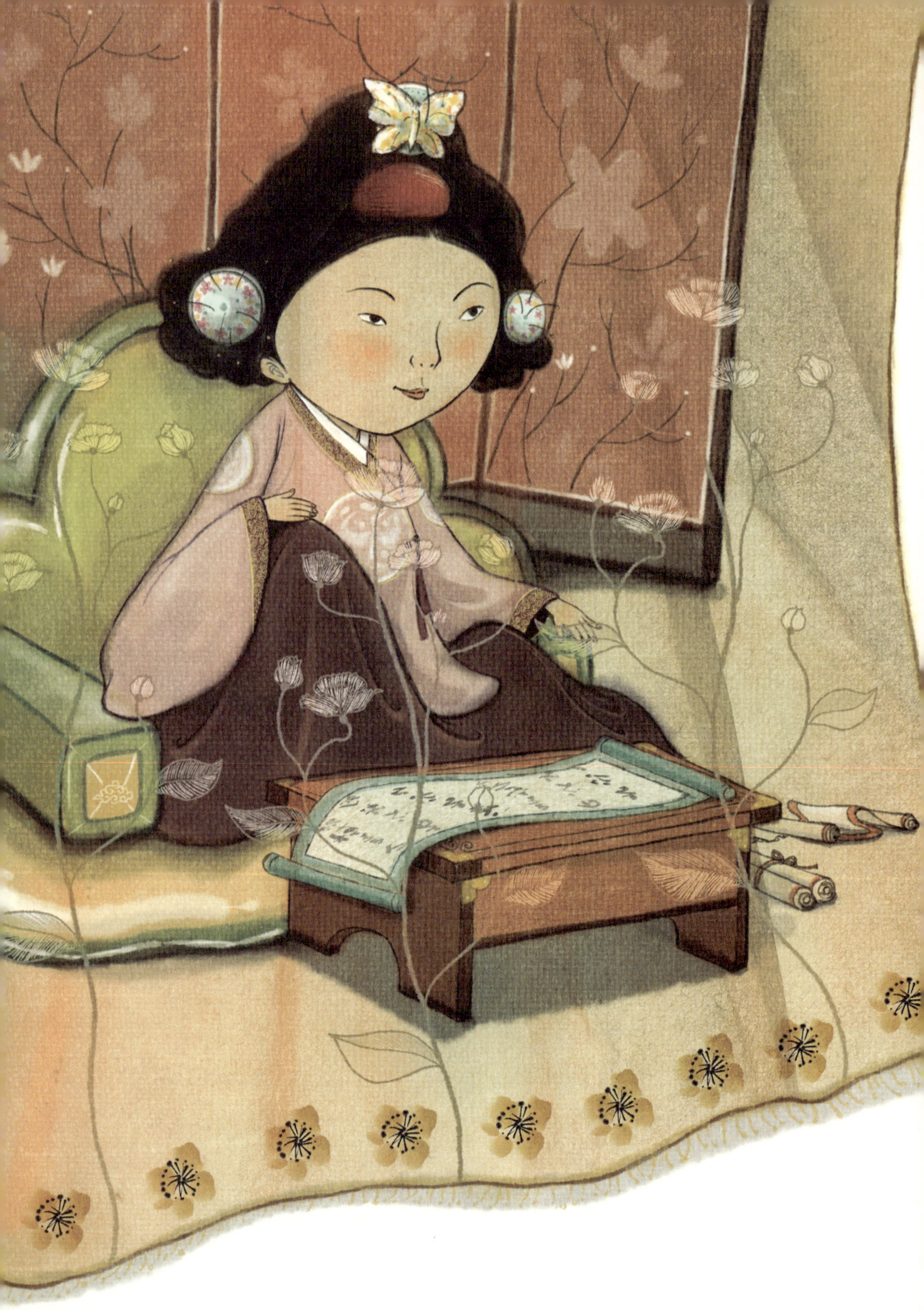

다. 그 중에서도 황해도 백성들의 고통이 가장 심하였다. 황해도 땅은 바닷가와 가깝기 때문에 소금기가 많아 농사가 잘 안 되었다. 그런데 중국을 오가는 사신들이 지나는 길목이어서 세금도 많이 내야 했고, 나라에 바쳐야 하는 공납 물품도 다른 지역보다 유난히 까다로웠다. 특히 황해도 특산물인 노루를 잡아 바치는 일이 갈수록 어려워졌다. 1년에 수백 마리의 노루를 잡다 보니 농사일은 팽개치기 일쑤였고, 겨울철에는 평안도 일대에 자주 나타나 노략질을 일삼는 여진족을 소탕하는 일까지 감당해야 했다.

사정이 이렇다 보니 황해도 지방에는 도적의 무리가 많았다. 험한 산 깊은 골짜기마다 도적이 들끓었다. 그 가운데 청석골 도적패가 가장 이름이 높았다. 청석골 패의 우두머리는 고리 백정 임꺽정이었다. 천한 신분으로 멸시와 천대를 받고 살면서 세상을 향한 울분을 가슴에 쌓은 사내였다. 임꺽정 곁으로 억울한 사연을 가진 백성들이 하나둘 모여들었다.

"임꺽정은 세상에서 제일가는 천하장사래."

"그뿐이 아니야. 임꺽정은 자기 부하들을 데리고 귀신처럼 나타났다가 곧 사라지면서 고약한 수령을 혼내 준다는군!"

"엊그제는 산길에 숨었다가 한성으로 올라가는 뇌물을 빼앗아 굶주린 사람들에게 나눠 주었대."

"과연 정의로운 도적이로군. 진짜 도적은 임꺽정이 아니라 그 못된 벼슬아치들이지."

백성들을 쥐어짜 원성을 산 관리들과 욕심 많은 부자들은 임꺽정 때

소설 〈임꺽정〉과 임꺽정 삽화
일제 강점기인 1920년대에 홍명희가 〈임꺽정〉이라는 소설을 썼다.
이 사진은 1928년 11월, 신문에 처음 연재된 모습이다.

문에 발 뻗고 잘 수 없었다. 나라에서는 임꺽정의 무리를 잡으려고 하였지만, 백성들은 그들을 숨겨 주거나 달아나도록 도와주었다. 임꺽정의 무리가 점점 많아지자 황해도 지역으로 가는 길이 막힐 지경이 되었다. 임꺽정과 부하들은 개경에 나타나는가 하면, 배짱도 좋게 한성부까지 넘나들었다. 수백 명의 관군을 풀고 현상금까지 걸어도 소용이 없자 조정은 골머리를 앓았다. 수상해 보이는 사람은 무조건 잡아들여 매를 쳤다. 결국 임꺽정은 3년 만에 붙잡혀 죽음을 당하였다. 그러나 정의로운 도적 임꺽정은 여전히 살아 있었다. 부패한 양반에게는 도적이었지만, 불쌍한 백성들의 마음에는 고맙고 의로운 사람으로 오래오래 살아 있었다.

임꺽정이 죽은 3년 뒤, 문정 왕후가 세상을 떠나자 윤원형의 세도도 끝이 났다. 윤원형은 관직에서 쫓겨나 멀리 귀양 보내졌다가 쓸쓸하게 죽음을 맞았다. 윤원형 일파를 마지막으로 외척들도 더 이상 힘을 쓰지 못하였다.

무리 짓는 선비들, 동쪽 사람 서쪽 사람

명종이 아들 하나 남기지 못한 채 세상을 떠났다. 오래전 세상을 떠난 중종의 손자 가운데 한 명이 왕위에 올라 선조가 되었다. 열여섯 살 선조는 겸손한 마음으로 차근차근 나랏일을 배우고 어지러운 정치를 바로잡고자 했다.

'누가 나를 도와 어려운 이 나라를 이끌어 나갈 수 있을까? 선비들의 존경을 받는 사람이 누구일까?'

선조는 퇴계 이황을 떠올렸다. 일흔을 바라보던 이황은 마침 한성부에 올라와 있었다. 선조는 이황을 불러 간곡하게 부탁하였다.

"부디 경의 인품과 학식으로 부족한 나를 이끌어 주세요."

이황은 어린 왕을 지그시 바라보았다.

"지금은 나라가 조용한 것처럼 보이지만 백성들은 많이 지쳐 있고 나라의 창고는 텅 비어 있습니다. 이럴 때 갑자기 외적이라도 쳐들어온다면 정말 큰일입니다. 부디 북쪽 오랑캐와 남쪽의 왜구를 늘 조심하십시오."

선조는 조심스럽게 사림들을 곁으로 불러들이면서 얼마 남지 않은 훈구들을 밀어냈다.

'역시 나와 함께 새 시대를 열어 갈 사람들은 젊고 패기 있는 사림 선비들이야.'

젊은 왕은 사림들의 마음을 얻기 위해 노력하였다.

"억울하게 죽은 조광조에게 영의정 벼슬을 내리도록 하라. 또한 선대왕의 외삼촌이라고 거들먹대면서 백성들의 원성을 샀던 윤원형의 공신 지위를 삭탈하라."

조정에서 쫓겨났던 선배 사림들이 정치 무대에 속속 돌아오고, 후배 사림들도 줄을 이어 과거에 합격하여 벼슬길에 나왔다. 드디어 조정의 관직 대부분을 사림이 차지하였다. 바야흐로 사림의 시대가 활짝 열렸다.

그러나 얼마 못 가서 사림들은 편을 가르더니 두 개의 무리, 붕당으로 나뉘고 말았다. 이조정랑이라는 관직을 누가 차지할 것인가를 두고 사림들끼리 의견이 갈라진 것이 시작이었다. 이조정랑은 낮은 관직이었지만 어떤 사람을 어느 벼슬자리에 써야 할 것인지를 결정하는 힘을 갖고 있었다. 그래서 아무리 높은 관리라 해도 이조정랑을 함부로 대할 수 없었다. 게다가 자리에서 물러날 때는 여러 사람의 의견을 들어 자기 다음의 이조정랑을 추천할 수 있었다.

"다음 이조정랑은 김효원이 제격이지. 몸가짐도 깨끗하고, 그 훌륭한 문장을 따라올 사람이 없다지?"

"그렇다네."

많은 선비가 다음 이조정랑 자리에 김효원이 적임자라고 생각했다. 그러나 딱 한 사람, 심의겸은 김효원을 업신여겼다.

"김효원은 윤원형의 집에 드나들면서 밥이나 얻어먹고 슬슬 눈치나 보고 다녔던 사람이야."

갑론을박 끝에 김효원은 결국 이조정랑이 되었다. 김효원의 마음속에는 심의겸에 대한 미움이 깊게 남아 있었다. 그런데 공교롭게도 김효원의 뒤를 이어 이조정랑이 될 사람으로 심의겸의 동생 심충겸을 추천하는 사람이 많았다. 김효원이 가만히 있을 리 없었다. 김효원은 심의겸과 심충겸 형제를 한꺼번에 싸잡아 어리석은 인물로 몰아세웠다.

"심충겸은 매우 어리석은 데다 지혜가 없는 인물이라서 도저히 제 뒤를 이을 수 없습니다. 게다가 대왕대비 마마의 외척이라 더더욱 안 됩니다."

심의겸의 누이가 명종의 왕비였던 것이 문제였다. 사림들이 김효원 편과 심의겸 편을 들면서 갈라졌다.

젊은 후배 사림들은 김효원을 지지하였다.

"윤원형을 잊으셨습니까? 외척은 절대로 조정에 발을 못 붙이게 해야 합니다. 남아 있는 외척도 하루속히 뿌리를 뽑아야 하고요."

나이가 지긋한 선배 사림들은 심의겸 편을 들었다.

"중요한 일일수록 서두르면 안 되는 법, 이미 우리 사림들의 세상인데 조금 너그럽게 해도 될 것을 가지고……."

시간이 지날수록 사이가 더 벌어졌다. 김효원의 집이 한성 동쪽 건천동에 있기에 그를 따르는 사람들을 '동인', 심의겸의 집이 서쪽 정릉방에 있기에 그쪽 사람들을 '서인'이라고 부르게 되었다.

그 무렵 병조 판서였던 이이도 이런 상황을 걱정스러운 눈으로 바라보았다. 양쪽을 화해시키려고 노력하였지만 동인들은 자신들 편을 들지 않는 이이를 서인이라고 몰아붙이기 시작했다.

어느 날 대궐에 들어와 나랏일을 보던 이이가 어지러워 누워 있었다. 이 소식을 듣고 걱정이 된 선조가 어의를 보내 돌보도록 하였다. 나중에 이 사실을 알게 된 동인들이 벌 떼같이 들고 일어났다.

"이이는 전하께서 부르시는데도 병을 핑계로 누워 있었으니 벌을 받아 마땅합니다."

"어째서 죄 없는 사람을 모함한단 말인가?"

화가 난 선조는 이이 편을 들고 동인들을 벌주었다.

동인과 서인이 서로 화합할 수 있도록 애쓰던 이이도 결국 스스로 서인에 속한다고 말하였다. 서인들은 이이의 학문을 이어받은 군자의 붕당임을 내세웠다. 동인들도 스스로 군자들의 붕당이라고 생각했다.

동인들 가운데는 이황의 제자가 많았다. 이황은 이미 세상을 떠나고 없었지만 세상 사람들은 이황이 동인의 스승이라고 여겼다.

퇴계 이황과 율곡 이이

백성을 사랑한 퇴계 이황

1501년 겨울. 경상북도 예안현의 온계 마을 선비 이식의 집에서 사내아이가 태어났다. 아이의 이름은 '황'이었다.

이식은 이황이 자라는 것을 지켜보지 못하고 아이가 태어난 지 일곱 달 만에 세상을 떠났다. 어린 이황은 아버지의 얼굴도 몰랐지만, 아버지가 차곡차곡 모아 두었던 책을 벗하며 학문을 좋아하는 아이로 성장하였다. 어머니는 이황 형제들을 매우 엄하게 키웠다.

"공부를 한다면서 글이나 잘 외고 짓는 것만을 일삼아서는 안 된다. 몸가짐을 단정히 하고 모든 행동을 예의 바르게 하는 것이 더 중요하다."

이황은 어릴 때부터 삼촌과 형들에게서 글을 배웠다. 주위 사람들이 아무리 떠들어도 조용히 벽을 향해 앉아 책을 읽을 정도로 공부하기를 즐겼다. 아름다운 온계 마을의 경치를 바라보며 시를 짓기도 하였다. 고요한 연못가를 바라보는 어린 이황의 입에서 아름다운 시가 흘러나왔다.

이슬 맺힌 여린 잎새 물가에 둘러서 있고
작은 연못 맑디맑아 모래 한 알도 안 보이네.
흘러가는 구름, 지나는 새는 물 위에 곱게 비쳐 어울리는데
이따금 제비가 차고 가는 발길에 연못에 물결이 일어날까 두렵구나.

　이황이 여섯 살이 되었을 때 한성의 대궐에서는 한바탕 난리가 났다. 연산군이 쫓겨나고 중종이 새로 왕이 되었다. 10년 남짓 세월이 흘러 열아홉 청년이 된 이황은 책 속에서 만나고 머릿속으로 그려 보던 아름다운 세상을 조선에 세워 보고 싶은 꿈을 키우고 있었다. 그러나 조광조와 김정이 쫓겨나 사약을 받고 죽었다는 날벼락 같은 소식을 듣고 깊은 시름에 잠겼다.
　'조광조 같은 사람이 그리도 허망하게 가다니…….
내가 세상과 백성을 위해 할 수 있는 일이 있을까?
조정에 나서는 일이 과연 옳은 일일까? 덧없이
목숨만 내놓게 되지는 않을까?'
　이황은 깊은 고민에 빠졌다.
　'벼슬길에 나가는 일 말고, 내가 품은 뜻을
펼칠 수 있는 또 다른 길은 무엇일까?'
　이황은 스물아홉에 과거를 보았다.
평생 홀로 자식을 키우느라 주름만

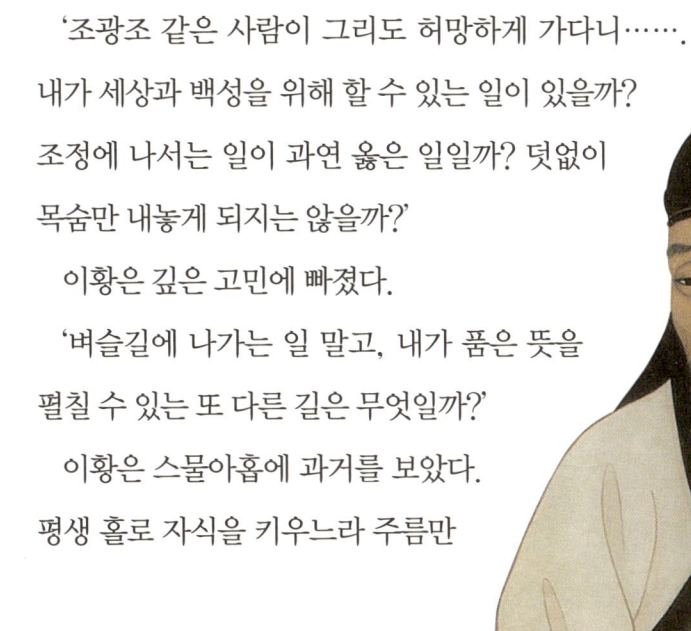

퇴계 이황
조선을 대표하는 성리학자이며 문신이다.
도산 서원을 세워 제자를 길렀다.
그의 학문은 일본 유학에도 영향을 주었다.

는 어머니 얼굴에 웃음꽃을 피워드리고 싶었다. 이황은 당당히 합격하고 벼슬길에 올랐다. 하지만 윤원형 일파가 사림들을 몰아내기 위해 일으킨 난리에 엮여서 쫓겨나고 말았다. 목숨을 부지한 것이 천만다행이었다. 그러나 끔찍이도 사랑하던 형, 학문을 가르쳐 준 스승 같은 형이 귀양을 가던 중 곤장을 맞아 죽고 말았다. 이 일로 이황은 벼슬길에 올라 정치를 하려 했던 꿈을 접었다. 이황의 인품과 학식을 존경한 명종이 여러 차례 벼슬을 내렸지만 번번이 거절하고 고향에 내려갔다. 마지못해 관직을 받아들여도 오래 머물지 않았다. 이황은 마흔여섯이 되어 자신의 호(벗들이 부르는 이름)를 '퇴계'로 지었다. '시냇가로 물러난다.'는 뜻을 담아 더 이상 잠시도 벼슬에 머무르지 않겠다는 확고한 의지를 보여 주었다.

 그래도 관직에 있을 때에는 백성을 위한 정치를 펴는 데 최선을 다하였다. 암행어사가 되어 흉년에 신음하는 백성들을 보았을 때에는 조정에 대책을 건의하였고 탐관오리를 엄하게 처벌하였다. 조선과 일본의 사이가 갈수록 나빠지는 것을 염려하여 일본을 달랠 수 있는 외교 방안을 찾아 임금에게 아뢰기도 하였다. 풍기 지역의 군수 시절에는 친구인 주세붕이 세운 백운동 서원을 정비하여 선비들이 공부하는 장소로 쓸 수 있도록 하였다.

이황, 선조를 위해 〈성학십도〉를 짓다

이황은 마음을 가다듬고 눈을 감았다. 오랫동안 조금의 움직임도 없이 그대로 앉아 있었다. 늦은 밤, 고요한 방 안에서 촛불이 흔들리고 있었다.

'내 나이 예순여덟, 이제 나라를 위해서 할 수 있는 일은 이것이 마지막이 될 듯하구나.'

누가 보고 있는 것도 아닌데 학창의를 단정히 차려입었다. 그러고 나서 꼿꼿하게 앉아 정성을 다해 먹을 간 뒤 천천히 그림을 그리고 글을 썼다.

며칠 전 이황은 새로 보위에 오른 선조의 부름을 받고 대궐에 들어갔다. 선조는 늙은 이황의 손을 잡고 자신을 바른길로 이끌어 줄 것을 간곡히 부탁하였다. 그리고 홍문관 대제학이라는 높은 벼슬을 내렸지만 이황은 그 벼슬자리에 머무를 생각이 없었다. 그래도 열여섯 살 어린 왕에게 힘이 되어 주고 싶었다.

'그래, 고향으로 돌아가기 전에 옛 성인들의 훌륭한 가르침을 쉽게 풀어서 책으로 만들어 올려야겠다. 훌륭한 정치를 펴시는 데 도움이 될 수 있을 거야.'

이황은 며칠 밤낮 동안 쉬지 않고 세상과 우주를 다스리는 원리를 담은 그림을 그렸다. 그림을 설명하는 글도 열심히 썼다. 10가지 그림 속에는 노학자가 평

〈성학십도〉
이황이 선조를 위해 지어 바친 〈성학십도〉의 태극도 부분이다. 성리학에서 말하는 우주의 원리를 설명하였다.

생을 연구한 세상과 우주의 이치가 차곡차곡 담겼다. 우주의 원리를 설명하는 태극도, 매일매일의 생활을 충실히 보내야 한다는 내용을 담은 소학도, 나라를 다스리기보다 인격 수양을 먼저 해야 한다는 대학도, 새벽부터 밤늦게까지 열심히 공부하라는 숙흥야매잠도 등.

이황은 드디어 책의 제목을 써 넣었다. '성학십도', 성인이 되는 데 필요한 10가지 그림이라는 뜻이다. 선조가 성인 같은 왕이 되어 백성들이 편히 살 수 있는 세상을 만들어 달라는 마음을 담았다.

이황은 왕과 신하들이 모인 경연 자리에서 새로 지은 책을 강의하였다. 이황에게서 선조는 자식을 걱정하는 아버지의 마음을 느꼈다.

"경을 실망시키지 않도록 노력하여 좋은 정치를 펼치겠소."

이황의 눈가가 촉촉이 젖어 드는 듯하였다. 그는 미련 없이 고향으로 내려갔지만 이황을 곁에 두고 싶었던 선조는 이듬해 병조 판서 벼슬을 내려 다시 한성으로 불러올리려고 하였다. 그러나 이황은 벼슬을 사양하고 도산 서원에 머물면서 제자들을 가르치며 남은 생을 보냈다.

어느 날 이황은 평소처럼 단정히 앉은 자세로 세상을 떠났다. 그 때 나이 일흔이었다.

사임당 신씨의 아들, 율곡 이이

이황이 서른여섯 나이로 청렴한 학자이자 선비의 길을 가고 있을 때, 강원도 명주(지금의 강릉) 오죽헌에서 한 아이가 태어났다. 어머니는 사임당 신씨, 아버지는 사헌부 감찰 벼슬을 지낸 이원수였다. 태어난 아이는 두 사람의 셋째 아들이었고, 어릴 때 이름은 현룡, 어른이 된 뒤의 이름은 '이'였다.

　어머니 사임당 신씨는 여자임에도 웬만한 남자들이 따라오지 못할 정도의 깊고 넓은 학식을 지니고 있었다. 게다가 풀과 나무, 꽃과 벌레, 포도와 같은 과일 그림을 너무 잘 그려 나비가 진짜 꽃인 줄 알고 날아와 앉으려고 했다는 소문이 날 정도였다. 어느 날 신씨는 잔칫집에 갔다가 빌려 입은 비단 치마에 실수로 만든 얼룩 때문에 울고 있는 여인을 보았다. 신씨는 붓과 벼루를 가져오게 한 뒤 얼룩진 곳에 포도송이를 멋들어지게 그려 넣었다. 울고 있던 여인은 그림이 그려진 치마를 판 값으로 새 치맛감을 사서 주인에게 돌려줄 수 있었다.

　이이의 외할아버지 신 진사는 그런 딸의 재주를 아꼈다.

　"네가 남자로 태어났더라면 얼마나 좋았을까. 세상을 품에 안을 만한 인물이 되었을 텐데…… 아깝고 또 아깝구나."

　신 진사는 딸을 늘 곁에 두고 싶어 사위에게 말하였다.

　"여보게, 다른 딸들은 시집을 보내도 서운하지 않은데, 자네 처만은 내 곁에 두고 싶네."

　그 덕분에 이이는 어린 시절 대부분을 외가에서 보냈다. 사임당은 자녀들을 직접 가르쳤다. 여러 아들 중에서도 셋째 이이가 단연 빼어났다. 근처 마을에 신동으로 이름을 날리더니, 13세에 과거 예비 시험인 진사시에 장원으로 급제하였다. 사임당 신씨는 이이에게는 자상하고 엄한 스승이기도 하였다. 그런데 이이가 열여섯 살 되던 해, 48세의 젊은 나이에 병을 얻어 세상을 떠났다.

'흑흑, 어머니께서 이렇게 허무하게 돌아가시다니…….'
이이는 하늘이 무너져 내리는 슬픔에 몸을 가누지 못했다.
"마지막 가시는 모습을 곁에서 지켜드리지도 못한 불효를 어찌 해야 할까?"
이이는 어머니 묘 옆에 초막을 짓고 시묘살이를 하며 3년을 눈물로 보냈다. 어린 자식이 홀로 걸을 수 있을 때까지 3년을 무릎에 앉히고 안아 키워 주신 은혜에 보답하면서 돌아가신 부모의 묘 곁에 3년간 머무는 일을 당연한 도리로 생각하였다.
시묘살이를 마치고도 어머니를 그리워하며 전국의 산천을 떠돌았다. 때로는 깊은 산속의 절에 머물기도 하였다. 그러나 마음을 잡고 다시 공부를 시작하여 29세 되던 해 문과에 장원으로 급제하였다. 이이는 아홉 번의 과거 시험에서 모두 장원을 차지하였다. 그래서 생긴 별명이 구도장원공이다.

이황과 이이의 만남

스물네 살 청년 이이는 경상도 예안을 향해 산길을 부지런히 걸었다. 이황을 찾아가는 이이의 가슴은 설레었다.

'어떤 분일까? 맑게 빛나면서 날카로운 눈매를 가진 분일까? 학처럼 고고한 모습을 지닌 분이겠지?'

이윽고 두 사람이 마주 앉았다. 예순의 나이에 명성이 자자한 대학자 이황과 이제 막 세상을 향해 날갯짓을 시작한 젊은이가 서로를 바라보았다. 이이가 먼저 입을 열었다.

"일찍이 여러 차례 벼슬을 버리고 고향으로 물러나신 까닭을 여쭈어 보아도 되겠습니까?"

이황이 천천히 대답하였다.

"내가 이 공의 나이였을 때, 조정은 혼란하기만 했다오. 그 때 조광조를 조정에 불러들인 사람도 중종 대왕이셨고, 조광조를 그렇게 빨리 내쳐 죽인 사람도 중종 대왕이셨지. 선비를 귀하게 여길 줄 모르는 조정에서는 내가 할 일이 없다고 생각했소. 허허……."

"그럴수록 더 많은 선비가 조정에 나가 옳은 정치를 펴야 하는 것 아닙니까?"

이이의 물음에 이황이 넉넉한 웃음을 지으며 대답하였다.

"흠, 선비란 도덕과 바른 이치를 알고 있는 사람이오. 소인배들은 오로지 눈앞의 이익을 좇는 천박한 사람들이고. 그 때는 소인배의 세상이어서 조정의 힘이 모두 그들에게 있었다오. 아까운 선비들의 목숨을 덧없이 잃게 하는 것이 옳았겠소? 아니면 더 많은 선비를 기르면서 때를 기다리는 것이 옳았겠소?"

이황이 잠시 쉬었다가 말을 이었다.

"나는 제자를 기르면서 내 뜻을 이루고자 했다오. 그리고 이제는 세상이 많이 달라졌지요."

이번에는 이황이 이이에게 가슴에 품은 뜻이 무엇이냐고 물었다. 이이는 거침없이 대답하였다.

"우주와 인간을 이루는 이치를 공부하는 것만으로는 아무 소용이 없다고 생각합니다. 눈앞의 혼란스러운 세상을 바로잡고 백성을 위하는 데 공

부한 것을 쓸 줄 알아야 합니다."

이황은 고개를 천천히 그러나 크게 끄덕였다.

"백번 옳은 말이오. 이제는 선비들이 이끌어 갈 수 있는 세상이 되었으니, 이 공이 품은 뜻을 펼칠 수 있을 게요. 공을 만나서 내 마음이 얼마나 기쁜지 모르겠소."

긴장한 탓에 분홍빛으로 달아오른 이이의 얼굴을 바라보는 이황의 주름진 얼굴에 잔잔한 미소가 번져 나갔다.

두 사람은 해가 지고 밤이 깊은 줄도 모르고 이야기를 나누었다. 이이가 감격에 겨워 시를 한 수 지었다.

시냇물은 저 수사(공자가 공부하던 곳)의 물줄기에서 갈리고

봉우리는 저 무이산(주자가 공부하던 곳)에서 솟은 듯

재산은 오직 경서 천 권뿐이요,

집이라곤 서너 칸의 초가집일 뿐

가슴의 회포는 밝은 달과 같이 환하고

말과 웃음은 성난 물결도 그치게 하네.

제가 찾은 것은 배우기 위한 정성이지

한가롭게 반나절을 놀기 위함이 아니랍니다.

이황도 시로 대답하였다.

병으로 갇혀서 봄을 못 보았던 나도

그대가 와서 마음이 시원하게 뚫렸다오.

비로소 좋은 선비 있음을 알고

이전에 가졌던 나의 잘못을 뉘우쳤네.

귀한 곡식은 해로운 풀을 용납하지 않고

맑게 닦은 거울은 티끌을 물리치나니

지금 만난 기쁨을 글로 자랑할 게 아니라

더욱 공부해서 나날이 새로 친해 봅시다.

두 사람은 이틀을 함께 지냈다. 그 뒤로 이황은 이이를 잊지 못하여 가끔 편지를 보내 격려하고 힘들 때 위로해 주었다.

훌륭한 정치가 이이

젊고 의욕이 넘치던 이이는 호조 좌랑을 시작으로 해마다 벼슬이 높아졌다. 조정에서 중요한 자리를 맡기도 했지만, 백성들의 생활을 직접 보살피는 지방관이 되기도 하였다. 이이는 한때 청주 목사를 지내고 임꺽정이 활개를 쳤던 황해도에 내려가 어려운 백성들의 생활을 가까이 지켜보며 눈물을 흘리기도 하였다. 그 무렵 조정은 동인과 서인으로 나뉘어 다투느라 백성들의 어려움을 살필 겨를도 없었다.

이이는 진짜 선비란 조정에 나아가서 올바른 정치로 백성을 태평하게 만들고, 물러난 뒤에는 올바른 가르침으로 제자들이 큰 꿈을 이룰 수 있도록 해야 한다고 생각하였다. 그래서 백성들의 어려움을 알리는 상소를 선조 임금에게 올렸다. 어쩌면 노여움을 사서 벼슬에서 쫓겨나거나 큰 벌을 받을 수도 있었지만 비장한 각오로 한 자 한 자 적어 내려갔다.

……지금 백성들이 얼마나 어려운 처지에 있는지는 어린아이들도 다 알고 있습니다. 그런데 어찌하여 전하께서 모르실 수가 있습니까? 만일 알고 계신다면 나라를 잘 다스릴 방법을 왜 찾지 않으십니까? 저는 죽음을 무릅쓰고 말씀을 드리려고 합니다.

먼저 벼슬을 아무에게나 내리지 마시고 능력 있는 사람을 잘 골라 내리셔야 합니다. 그러고 나서 낡은 법, 나쁜 법을 고치십시오. 수십 년 동안 한 번도 법을 고치지 않았기 때문에 백성들이 갈수록 힘들어합니다.

이이는 조선이 세워진 지 200년이 되었기 때문에 낡은 법과 잘못된 제도를 고쳐 새롭게 거듭나야 한다고 생각했다. 그리고 무엇보다도 세금 거두는 법을 고쳐야 한다고 아뢰었다. 선조도 이이의 의견에 귀를 기울였다.

"전하, 세금이 무거워서 도망친 백성이 셀 수 없이 많습니다. 도망친 사람의 몫을 일가붙이나 같은 동네 사람에게 거두어서는 아니 되옵니다."

"나라에 바치는 공물의 가짓수가 너무 많아 백성들이 물건을 구하면서 겪는 어려움이 이만저만이 아니옵니다. 물건 대신 쌀로 공물을 받는다면 백성과 나라에 모두 도움이 될 것이옵니다."

그러나 이이의 주장에 반대하는 목소리도 만만치 않았다.

"아니옵니다. 지금까지 잘 내오던 세금을 다른 방법으로 걷는다면 혼란만 생길 뿐이옵니다."

특히 이이를 싫어하는 동인들의 반대가 심했다. 동인들은 이이를 서인의 간사한 우두머리라고 공격했다. 그래도 이이는 뜻을 꺾지 않았다.

"전하, 신이 직접 살펴보니 나라를 지킬 군대의 훈련이 전혀 안 되어 있습니다. 심지어는 군대가 전혀 없는 고을도 있고, 무기는 녹슨 채 나뒹굴고 있습니다. 그러니 여진족 이탕개 따위에게 국경을 침략당하고 허우적거리는 상황이 온 것이옵니다. 이 군사력으로는 나라를 지킬 수 없사옵니다."

이이는 10만 명의 군사를 길러 외적의 침입에 대비해야 한다고 목소리를 높였다. 백성들이 고통에 신음하며 무너질 지경인데, 외적의 침입을 받으면 회오리바람이 낙엽을 쓸어버리듯 나라가 붕괴될 것이라고 피를 토하듯 말하였다.

"태평성대에 공연히 군사를 길렀다가 이웃 나라의 오해를 살 수도 있습니다."

아끼던 후배 유성룡도 이이의 편은 아니었다. 이이는 정말 속이 상하고 마음이 아팠다.

'이토록 나의 마음을 알아주는 이가 없구나. 내가 하는 일을 오랫동안 지켜보면 내 마음을 알아줄 텐데…….'

이이는 나랏일로 바쁜 틈틈이 훌륭한 정치를 펼치는 법을 써서 선조에게 올렸다. 〈성학집요〉는 그렇게 해서 완성된 책이다.

이이는 벼슬에서 물러나 경기도 율곡(지금의 파주)으로 내려가 조용히 지냈다. 그리고 49세 되던 해에 세상을 떠났다. 이이가 저세상으로 가고 채 10년이 못 되어 임진왜란이라는 엄청난 전란이 터졌다. 그 때서야 유성룡은 깊이 탄식하였다.

'율곡에게는 앞을 내다보는 힘이 있었구나. 그의 말을 귀 기울여 들었어야 했거늘 이제 후회해도 소용이 없구나. 율곡이 지금 살아 있다면 이 나라에 얼마나 큰 도움이 되었을까…….'

율곡 이이
퇴계 이황과 쌍벽을 이루는 조선의 성리학자이며 문신이다. 유학을 처음 공부하는 학생들을 위해 〈격몽요결〉 등의 책도 지었다.

※ 문화재를 찾아서 ※

백자의 나라, 조선

고려가 청자의 나라라면 조선은 백자의 나라이다. 고려의 도자기 기술을 계승한 조선의 도공들은 순백자, 청화 백자, 철화 백자 등 다양한 백자를 빚어냈다. 우리나라의 도자기 기술은 세계에서 손꼽히는 수준이었다.

당시 세계에서 도자기를 만들 수 있는 나라는 조선과 중국 그리고 베트남 정도였다고 한다. 중국에서도 백자와 청화 백자를 만들었는데, 조선의 멋을 살려 만들기도 했다. 특히 중국의 청화 백자는 어마어마한 크기를 자랑하였다.

16세기까지 일본에서는 자기를 만들지 못하였다. 일본에서 조선의 도자기는 어느 영주가 도자기

순백자 대접
조선 시대의 대접이다. 단정하고 아름다운 이 대접은 조선 최고의 도공이 만들어 왕실에서 쓰였을 것으로 짐작된다.

청화 백자 송죽무늬 홍치이년명 항아리
국보 176호. 항아리 안쪽에 명나라 효종의 연호 홍치 2년이라고 쓰여 있어 1480년에 만들어진 것임을 알 수 있다. 도자기에 소나무와 대나무를 섬세하게 그려 넣은 걸작이다.

하나와 성을 맞바꿨다는 이야기가 전할 정도로 최고의 대접을 받았다고 한다.
 그러나 임진왜란은 조선과 일본의 도자기 운명을 바꾸고 말았다. 조선 최고의 도공들이 일본으로 끌려가 조선의 도자기 기술은 서서히 쇠퇴의 길을 걷게 된 반면, 일본의 도자기 기술은 크게 발전하기 시작하였다.
 일본으로 끌려간 조선 사람 이삼평은 일본 최초의 도자기를 만들었다. 일본 도자기는 다양한 색채와 그림으로 세계에 널리 이름을 알렸다.

백자 항아리
티끌 하나 없는 깨끗함이 선비의 모습을 닮았다. 넉넉한 부드러운 곡선도 아름답다.

백자 청화 매화 새 대나무무늬 항아리
국보 170호. 흰색 도자기 위에 전문 화가가 직접 붓으로 그린 대나무와 새, 매화나무가 아름답다.

이삼평 비
임진왜란 때 일본으로 끌려간 도공 이삼평은 일본 아리타에서 처음으로 도자기를 생산한 도조로 추앙받고 있다.

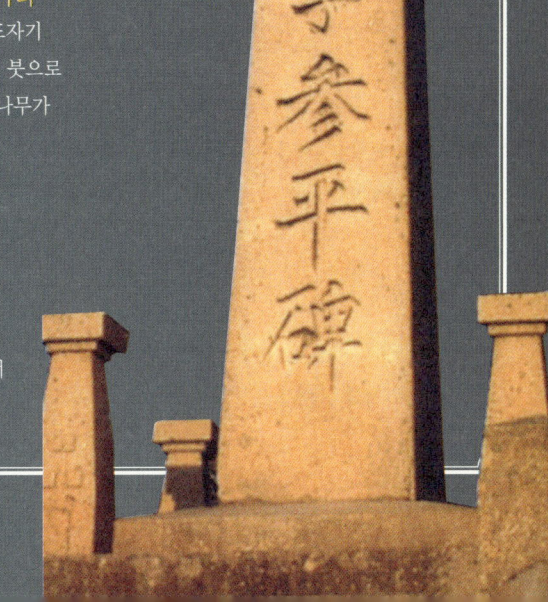

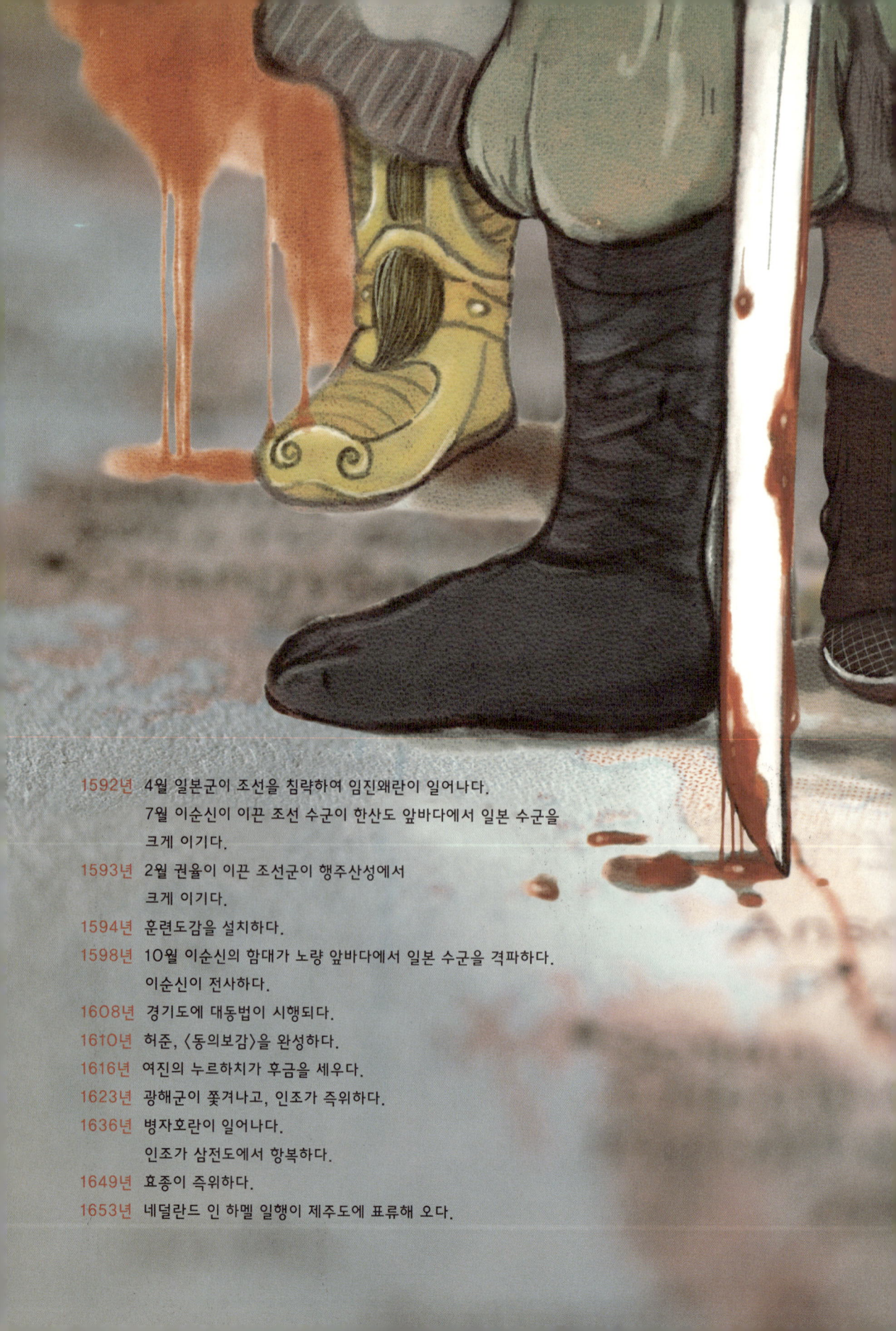

1592년 4월 일본군이 조선을 침략하여 임진왜란이 일어나다.
　　　　 7월 이순신이 이끈 조선 수군이 한산도 앞바다에서 일본 수군을
　　　　 크게 이기다.
1593년 2월 권율이 이끈 조선군이 행주산성에서
　　　　 크게 이기다.
1594년 훈련도감을 설치하다.
1598년 10월 이순신의 함대가 노량 앞바다에서 일본 수군을 격파하다.
　　　　 이순신이 전사하다.
1608년 경기도에 대동법이 시행되다.
1610년 허준, 〈동의보감〉을 완성하다.
1616년 여진의 누르하치가 후금을 세우다.
1623년 광해군이 쫓겨나고, 인조가 즉위하다.
1636년 병자호란이 일어나다.
　　　　 인조가 삼전도에서 항복하다.
1649년 효종이 즉위하다.
1653년 네덜란드 인 하멜 일행이 제주도에 표류해 오다.

2 조선을 뒤흔든 전란

1592년, 일본에서 불어온 핏빛 전쟁의 거센 회오리가

아름다운 조선 땅, 평화로운 사람들을 할퀴고 지나갔다.

자그마치 7년을.

조선의 산천초목, 온갖 생명들은 지옥 같은 세상을 견뎌야 했다.

시퍼런 칼날과 날아든 불화살에 마을은 시커먼 잿더미로 변했고,

영문도 모른 채 부모를 잃고

고아가 된 아이들의 눈물은 마를 새가 없었다.

누구의 탐욕이 애꿎은 사람들의 삶을 이토록 송두리째

흔들어 버린 것일까?

그러나

남해 푸른 바다에서 울려 퍼진 승리의 함성과,

죽어서 살려는 각오로 내 땅을 지켜 낸 수많은 의병의 기백이

거친 회오리바람 앞에 꺼질 것만 같던 조선의 숨결을 다시 살려 냈다.

언제나 그랬듯 이름 없는 민초들,

한결같이 제자리를 지킨 우직한 사람들이

조선의 희망이 되었다.

전쟁의 폐허를 딛고 일어서는 조선 사람들,

굳어진 땅에서 곡식이 자라고

말라 버린 나뭇가지에 탐스러운 과실이 다시 열릴 때까지

자, 이제 다시 시작이다!

임진년에 시작된
7년의 전쟁

조선을 휩쓴 전쟁의 시작

율곡 이이가 세상을 떠난 1584년. 일본 열도에서 심상치 않은 변화의 바람이 거세지고 있었다. 도요토미 히데요시가 도쿠가와 이에야스의 군대를 격파하고 통일에 성큼 다가섰다. 당시 일본에서는 다이묘(大名, 영주)들이 무사를 거느리고 서로의 영토를 침범하며 싸우는 전국 시대가 100년도 넘게 계속되고 있었다. 1590년, 도요토미 히데요시는 드디어 일본을 통일하였다. 그러나 그의 야망은 거기서 끝나지 않았다.

'나는 천하를 손에 넣어 조선과 명나라까지 지배할 것이다. 아직까지 나에게 완전히 고개를 숙이지 않은 무사를 누르고 불만을 없애기 위해서라도 전쟁을 계속해야 될 텐데…….'

일본은 1547년, 명나라에서 일으킨 영파의 난과 1555년, 조선에서 일으킨 삼포 왜란 때문에 두 나라와의 무역 길이 막히자 그에 대한 불만도 폭발하기 직전이었다. 오래 계속된 전쟁으로 일본 백성들의 생활도 파탄에 이르렀다.

  도요토미는 먼저 조선을 쳐야겠다고 마음먹었다. 조선 땅을 무사들에게 나누어 주고 조선에서 가져온 곡식과 재물을 백성들에게 나누어 주면 상황이 나아질 것이라고 판단한 도요토미는 조선에 사신을 보냈다.

  "이제 천하는 짐의 손아귀에 들어왔으니 조선의 국왕도 나에게 예의를 갖춰라. 나는 명나라를 치려고 하니 조선이 길 안내를 하도록 하라."

  선조와 조정 대신들은 깜짝 놀랐다. 감히 명나라를 치러 가는 길을 안내하라니 하늘이 두 쪽이 나도 들어줄 수 없다고 답하였다.

  "흐흐, 조선에서 그렇게 답할 줄 알았다."

  도요토미는 전쟁 준비를 착착 진행시켰다. 승려로 변장하고 몰래 조선에 들어온 첩자들은 조선 8도 방방곡곡을 돌아다니며 도로 사정이며, 온갖 중요한 정보를 모아서 일본으로 보냈다.

도요토미 히데요시
하급 무사의 아들로 태어나 오다 노부나가의 휘하에서 두각을 나타내며 실권을 장악한 뒤 일본을 통일하였다. 임진왜란을 일으켰으나 국력을 소모하는 결과만 가져왔다.

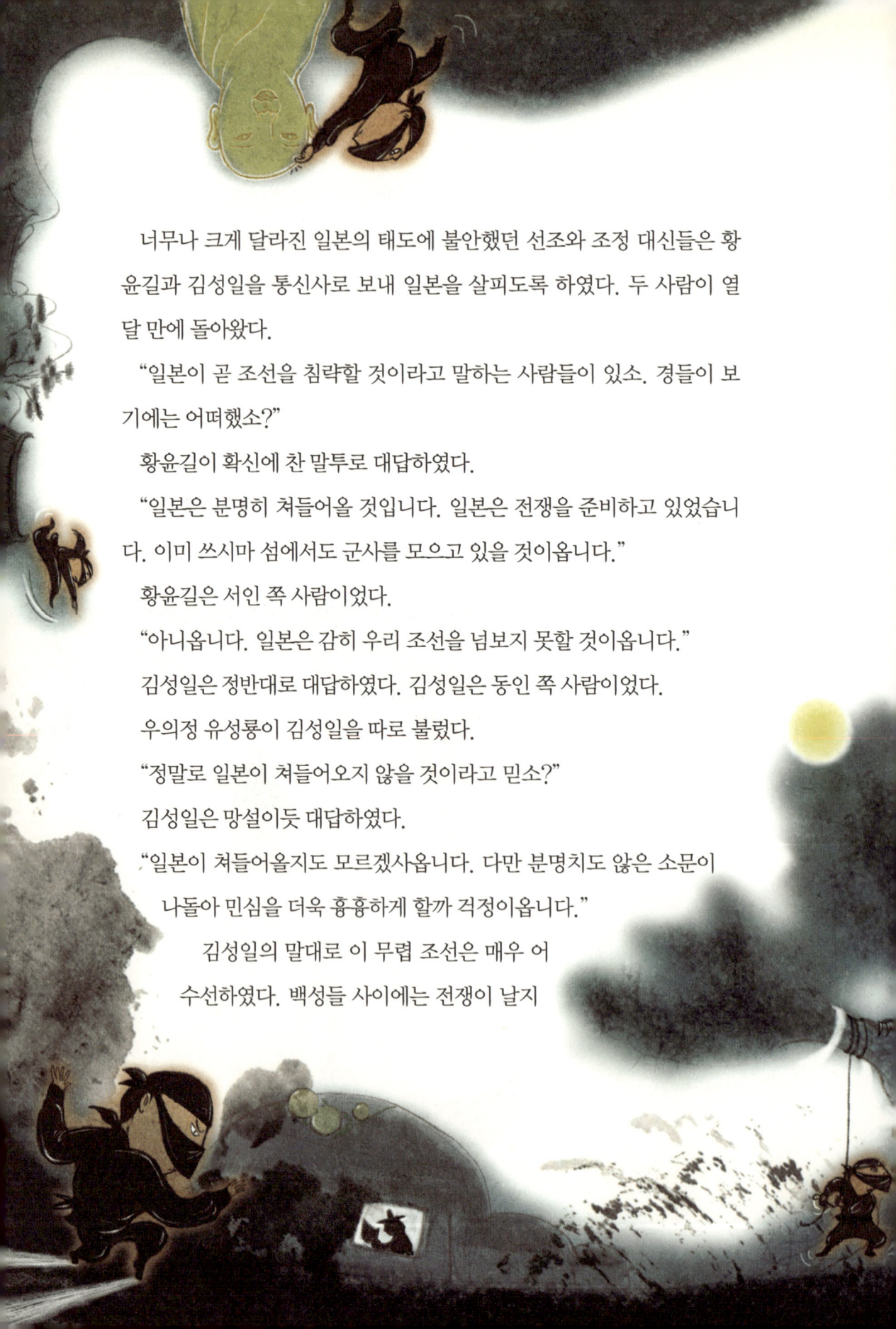

너무나 크게 달라진 일본의 태도에 불안했던 선조와 조정 대신들은 황윤길과 김성일을 통신사로 보내 일본을 살피도록 하였다. 두 사람이 열 달 만에 돌아왔다.

"일본이 곧 조선을 침략할 것이라고 말하는 사람들이 있소. 경들이 보기에는 어떠했소?"

황윤길이 확신에 찬 말투로 대답하였다.

"일본은 분명히 쳐들어올 것입니다. 일본은 전쟁을 준비하고 있었습니다. 이미 쓰시마 섬에서도 군사를 모으고 있을 것이옵니다."

황윤길은 서인 쪽 사람이었다.

"아니옵니다. 일본은 감히 우리 조선을 넘보지 못할 것이옵니다."

김성일은 정반대로 대답하였다. 김성일은 동인 쪽 사람이었다.

우의정 유성룡이 김성일을 따로 불렀다.

"정말로 일본이 쳐들어오지 않을 것이라고 믿소?"

김성일은 망설이듯 대답하였다.

"일본이 쳐들어올지도 모르겠사옵니다. 다만 분명치도 않은 소문이 나돌아 민심을 더욱 흉흉하게 할까 걱정이옵니다."

김성일의 말대로 이 무렵 조선은 매우 어수선하였다. 백성들 사이에는 전쟁이 날지도 모른다는 소문이 마른 들판에 불 번지듯 퍼져 나갔다.

"조선이 망하고 정씨 왕조가 들어선다는데?"

"그래? 도읍을 옮길지도 모른다는데?"

헛소문도 떠돌아 백성들은 더욱 불안해 했다. 나라를 세운 지 200년이 되도록 큰 전쟁 없이 살아왔기 때문인지, 나날이 약해진 조선의 군사력은 정말 보잘것없었다. 원래는 양반들도 군역을 져야 했지만, 이제는 군역에서 빠지는 것을 당연하게 여겼다. 농민 중에서도 재산이 있는 사람들은 온갖 방법을 써서 군역을 피해 갔다. 이제 군대에는 힘없는 농민들, 돈을 받고 남의 군역을 대신해 주는 사람들만 남게 되었다. 이러니 외적의 침입에 대비한 훈련이 제대로 되어 있을 리 만무했다.

다가오는 위기를 막기 위해 지혜와 힘을 모아야 할 조정 대신들도 붕당으로 나뉘어 맞서면서 제 역할을 하지 못하였다. 도요토미 히데요시가 사신을 보내왔을 무렵, 동인 쪽 인물인 정여립이 역모를 꾀한 일로 조정에는 피바람이 불고 있었다. 여기에 누구를 세자로 세울 것인가를 놓고 붕당들의 의견이 달랐다. 동인들은 북인과 남인으로 다시 갈라졌다. 서인과 남인, 북인이 왕의 마음을 얻고 자신들의 정책을 실현하기 위해 경쟁하고 대립했다. 바야흐로 신하들이 정치를 이끄는 붕당 정치의 막이 오르고 있었던 것이다. 그러나 일본의 움직임이 수상하다는 것을 알면서도 제대로 대책을 세우지 못한 점은 돌이킬 수 없는 잘못이었다.

불안한 나날이 흘렀다. 그리고 떠돌던 소문은 기어코 현실이 되고야 말았다. 1592년 4월 13일 새벽, 부산 앞바다에 끝도 보이지 않는 일본 함대가 20만 대군을 싣고 모습을 나타냈다. 7년 동안 조선을 뒤흔들 전쟁이 시작된 것이다. 이틀 만에 부산진성과 동래성이 무너졌다. 동래 부사 송상현과 부산 첨사 정발이 관군을 모아 백성들과 함께 죽기를 각오하며 싸웠지만 일본군을 당해 낼 수 없었다. 한성 조정으로 전령이 도착했다.

"크, 큰일 났사옵니다. 일본군이 북쪽으로 무서운 속도로 올라오고 있습니다."

숨이 턱에 닿도록 달려온 전령이 간신히 말을 전했다. 대신 한 사람이 전령을 꾸짖었다.

"그까짓 왜놈을 물리치지 못한대서야······."

"워낙 무서운 적군의 기세에 싸울 생각도 못 하고 도망치기 바쁩니다. 게다가 적군은 조총이라는 신식 무기를 가지고 있습니다. 가늘고 기다란 통 끝에서 불을 뿜을 때마다 우리 군사들이 가을 낙엽이 떨어지듯 쓰러집니다. 아주 멀리서도 어찌나 정확히 맞추는지 활이나 칼, 창으로는 어찌해 볼 도리가 없사옵니다."

조총은 서양 기술을 참고하여 만든 신식 총으로 일본의 전국 시대부터 쓰였다. 하늘을 나는 새도 떨어뜨린다고 해서 붙여진 이름이다.

"전하, 백전 노장 신립과 이일을 내려보내시면 충분히 막을 수 있을 것이옵니다."

선조는 신립에게 도순변사라는 직책을 주었다. 신립은 지체 없이 말을 타고 내달렸다.

"이랴, 이랴~ 어서 가자, 어서!"

순변사로 임명된 이일은 문경 새재를 지키는 임무를 띠고 신립보다 먼저 떠나 경상도로 달려갔다.

"적군은 반드시 이곳을 지나야 충청도로 갈 수 있다. 하지만 내가 있는 한 어림도 없다!"

문경 새재는 억새풀이 우거진 험준한 고갯길로 경상도에서 충청도로 넘어가는 통로였다. 도착한 이일은 서둘러 군사를 모았다. 그러나 모인

부산진 순절도
1592년 4월 13일과 14일 이틀 동안 부산진에서 벌어진 조선군과 일본군의 전투 장면을 비단 바탕에 그린 것이다. 부산진성을 지키려고 했던 백성들의 눈물겨운 최후가 느껴지는 듯하다.

군사들 가운데 태반은 훈련은커녕 활 한번 제대로 잡아 본 적 없었다. 결국 변변히 싸우지도 못하고 적장 고시니 유키나가에게 크게 지고 말았다. 문경 새재를 지키지 못한 이일은 신립과 손을 잡고 충청도의 길목 충주를 지키려고 밤을 새워 달려갔다.

 신립이 모은 군사도 오합지졸이기는 마찬가지였다. 신립은 절망스러운 마음을 애써 감추며 말하였다.

 "적군은 잘 훈련된 군사가 수만 명이고, 우리는 칼 잡는 법도 모르는 군사가 고작 수백 명이니……."

 신립은 배수진을 치기로 마음을 굳혔다. 등 뒤에 강물을 두고 싸우면 군사들이 뒤로 물러날 곳이 없으므로 죽기를 각오하고 맞설 것이라고 판단하였다. 시퍼런 남한강 물을 뒤로하고 충주 탄금대에서 일본군과 맞닥뜨린 조선 군사들은 제대로 된 싸움 한번 못 하고 전멸당했다. 그리고 신립은 자결하였다.

 이일이 말을 타고 한성으로 내달렸다. 땀과 흙으로 범벅이 된 이일의 얼굴에서 비오듯 눈물이 흘렀다.

 "전하, 신립 장군이 싸움에서 패하여 자결했습니다."

 "백전노장 신립이 패하고 죽다니, 어찌 그런 일이……."

 신립만을 철석같이 믿었던 선조와 조정 대신들은 하늘이 무너지는 것 같았다. 해안 마을을 노략질하던 왜구 떼보다 조금 더 심각한 정도일 것이라고 생각했던 조정 대신들은 어찌할 바를 몰랐다. 방어선이 뚫린 조선 관군은 힘없이 허물어져 내렸고 적군은 한성부를 향해 물밀 듯이 쳐들어왔다.

백성을 뒤로하고 피난 가는 왕

이제 일본군이 한성부에 들이닥치는 일은 시간문제였다. 부산진성을 함락시키고 채 보름이 되기 전에 충청도 땅까지 올라왔다. 벌써 도성 가까이 적군의 선봉대가 왔다는 전갈이 들이닥쳤다.

"대체 이 난리를 어찌하면 좋겠소?"

선조는 갈피를 잡지 못하고 허둥댔다.

"전하, 한성을 떠나 북쪽으로 가셔야 하옵니다."

유성룡이 말하였다.

"짐에게 백성을 버리고 도망을 치란 말이오?"

선조의 눈초리가 치켜 올라갔다.

"전하께서 무사하셔야 조선의 백성도 지킬 수 있습니다."

"그러하옵니다. 전하께서 옥체를 보존하셔야 종묘와 사직도 살릴 수 있사옵니다."

선조는 대신들의 의견에 따르기로 하고 서둘러 광해군을 세자로 책봉하였다. 나라의 운명이 바람 앞의 등불 같으니 만약의 상황을 대비하여 조정을 둘로 나누어 이끌려는 것이었다.

비가 주룩주룩 내리고 있었다. 앞뒤를 분간할 수 없는 어둠 속에서 임금과 조정 대신들이 무거운 발걸음으로 피난길에 올랐다. 이 소식은 곧바로 온 도성에 퍼졌다.

"아이고, 이제 우리는 죽었네."

"세상에, 백성을 버리고 도망치는 임금이 어디에 있더냐?"

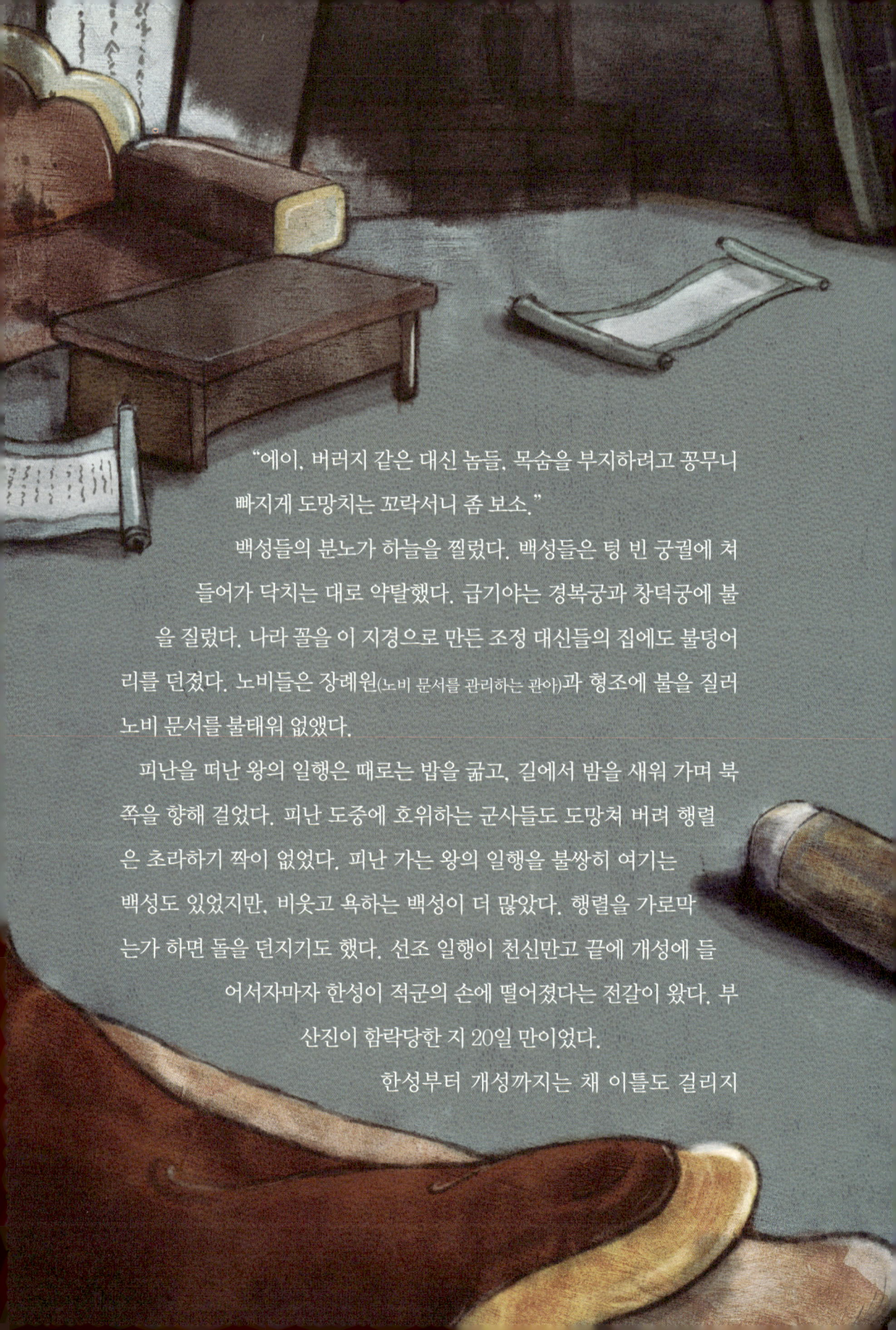

"에이, 버러지 같은 대신 놈들. 목숨을 부지하려고 꽁무니 빠지게 도망치는 꼬락서니 좀 보소."

백성들의 분노가 하늘을 찔렀다. 백성들은 텅 빈 궁궐에 쳐들어가 닥치는 대로 약탈했다. 급기야는 경복궁과 창덕궁에 불을 질렀다. 나라 꼴을 이 지경으로 만든 조정 대신들의 집에도 불덩어리를 던졌다. 노비들은 장례원(노비 문서를 관리하는 관아)과 형조에 불을 질러 노비 문서를 불태워 없앴다.

피난을 떠난 왕의 일행은 때로는 밥을 굶고, 길에서 밤을 새워 가며 북쪽을 향해 걸었다. 피난 도중에 호위하는 군사들도 도망쳐 버려 행렬은 초라하기 짝이 없었다. 피난 가는 왕의 일행을 불쌍히 여기는 백성도 있었지만, 비웃고 욕하는 백성이 더 많았다. 행렬을 가로막는가 하면 돌을 던지기도 했다. 선조 일행이 천신만고 끝에 개성에 들어서자마자 한성이 적군의 손에 떨어졌다는 전갈이 왔다. 부산진이 함락당한 지 20일 만이었다.

한성부터 개성까지는 채 이틀도 걸리지

앉았으므로 숨 돌릴 겨를도 없이 평양으로 향하였다. 그러고는 아예 더 북쪽에 있는 의주로 옮겨 갔다. 의주는 명나라 국경과 아주 가까운 곳이다. 선조의 가슴은 새까만 숯 덩어리가 되어 갔다.

'정녕 조선은 이대로 무너지고 마는 것일까? 이 나라 조선 백성의 앞날은 어떻게 되는 것일까?'

이 무렵 첫 승전보가 날아들었다. 오랜 가뭄에 단비 같은 소식이었다. 전라 좌수사 이순신이 이끄는 수군이 옥포 앞바다에서 크게 이겼다는 소식이었다. 이순신이 보내온 장계(보고서)에는 30척 가까운 일본 전함을 에워싸고 분노에 찬 대포와 불화살을 날리는 조선 수군의 활약이 생생하게 적혀 있었다.

"얼마나 기다려왔던 승리인가. 얼마나……."

왕이 차마 말을 잊지 못하였다.

"이제야 우리 조선에 희망의 빛이 찾아왔사옵니다."

수군의 승리로 곡식이 풍부한 전라도를 지킬 수 있게 되었다. 왕과 대신들이 오랜만에 생기를 되찾았다. 위기감은 깊었지만 많은 이가 끝까지 나라를 지켜 낼 방도를 찾으려고 애썼다.

하지만 육지의 일본군은 승승장구하며 파죽지세로 조선의 영토와 백성을 짓밟고 있었다.

왜놈은 얼레빗, 되놈은 참빗

몇 달이 지나 여름으로 접어들었다. 고니시가 이끄는 일본군은 평양성까지 함락하였다. 선조는 명나라에 구원병을 요청하는 사신을 보냈다. 명나라가 참전한 뒤의 폐단을 우려하는 사람도 있었지만, 전세를 뒤집으려면 명나라의 도움을 받을 수밖에 없다는 주장이 힘을 얻었기 때문이다. 당시 명나라도 어수선하기는 마찬가지였다. 이곳저곳에서 반란이 일어나는가 하면, 만주 지역에서 여진족의 움직임이 심상치 않았기 때문에 조선에 많은 군대를 보낼 수 있는 처지가 아니었다.

명나라는 급한 대로 7000명의 병사를 보냈다. 그러나 평양성에서 일본군에게 패하여 5000명이 아까운 목숨을 잃고 말았다. 살아남은 명나라 병사들은 곧장 요동으로 돌아갔다. 그 사이 일본군은 조선의 가장 북쪽 지역인 함경도 회령까지 이르렀다.

육지의 관군이 고전을 면치 못했던 것과 달리, 남쪽 바다에서 이순신이 이끄는 조선 수군은 엄청난 규모의 일본 수군에 맞서 바다를 철통같이 지켰다.

조선 수군은 일본 수군보다 한 수 위의 전력을 자랑했다. 조선 수군의 판옥선은 일본 전함에는 없는 우수한 대포를 가지고 있었다. 게다가 섬이 많고 변화무쌍한 조선 해안 지형에 대해 잘 알고 있었다. 시시 때때로 바뀌는 바닷물의 흐름과 같은 유리한 자연 조건도 잘 이용하였다. 일본 수군은 주로 상대편 배에 접근해서 기어올라 배를 차지하는 전술을 사용하였는데, 조선 수군은 이 같은 전술에 말려들지 않기 위해 멀리서 포를 쏘아 적선을 침몰시키는 전술을 썼다. 옥포의 첫 승리 이후 조선 수군은 당포, 사천, 한산도 싸움에서 승리를 이어 갔다.

겨울이 깊어 갈 무렵, 명나라 장수 이여송이 이끈 4만의 군사가 조선에 들어왔다. 이여송의 첫 목표는 평양성을 되찾는 것이었다. 명나라 군대의 무기는 무시무시한 대포였다. 대포는 평양성 전투에서 위력을 발휘하였다. 펑! 하는 요란한 폭음과 함께 대포가 터지자 일본군은 버티지 못하고 달아났다. 하루 만에 평양성을 되찾은 이여송의 명나라 군대는 일본군을 남쪽으로 밀어내기 시작하였다. 일본군은 혼비백산하여 도망가고 명나라 군대는 그 뒤를 쫓았다. 그러나 너무 자신만만했던 것이 문제였다.

일본군은 한두 번의 전투에서 졌다고 완전히 무너질 만큼 호락호락하지 않았다. 일본군은 한성에 모여 복수전을 준비했다. 일본군의 본진이 있는 경기도 벽제관 근처 숫돌 고개까지 쳐들어갔던 명나라 군대의 머리 위에서 새까만 벌 떼처럼 일본군이 쏟아져 나왔다.

'아뿔싸, 함정에 빠졌다.'

간신히 목숨만 구한 이여송은 다시 개성을 내주고 평양성까지 후퇴하였다. 그러고는 다시 싸우려 하지 않고 평화 회담을 서둘렀다.

명나라 군대가 조선에 머물면서 백성들의 고통은 이루 말할 수 없이 심해졌다. 걸핏하면 백성들의 재산을 함부로 빼앗고, 말을 듣지 않으면 때려죽이기 일쑤였다.

"너희 조선을 우리가 목숨을 바쳐 가며 구해 줬다. 은으로 된 것은 몽땅 내놔라. 돈이 될 만한 것도 몽땅 내놔라."

"저 명나라 되놈들은 우리를 도우러 온 건지, 죽이자고 온 건지 도통 구분이 안 가는구면."

"오죽하면 왜놈은 듬성듬성한 얼레빗, 되놈은 촘촘한 참빗이라 하겠어. 명나라 군대가 지나간 곳에는 남는 게 없으니……."

명나라 군사들은 배불리 먹었지만 조선 백성들은 굶주림에 시달렸다.

이 난리통에 백성을 희생시켜 제 잇속을 챙기는 비열한 사람도 생겨났다. 심지어 어떤 수령은 굶주린 백성에게 식량을 나누어 주는 척하면서 모조리 활로 쏘아 죽인 뒤 목을 베어 일본군으로 속여서 나라에 바쳐 상을 받았다. 일본군의 앞잡이 노릇을 하는 조선 백성도 있었다. 위협에 못 이겨 한 자도 있었지만, 관리의 횡포와 깊이 쌓인 원한 때문에 조선에 등을 돌린 자도 있었다.

전쟁을 끝내기 위해 명나라 군대와 일본군의 길고 긴 협상이 이어졌지만, 이미 조선 8도 방방곡곡에서 백성들의 힘으로 나라를 구하려는 함성이 우렁찼다. 전라도 순찰사 권율 관군과 의병 부대, 백성들이 힘을 모아 행주산성에서 큰 승리를 거두어 한성부를 되찾을 발판을 마련했다. 이제 조선의 바다에서는 이순신이 이끄는 수군이, 육지에서는 의병이, 그리고 서서히 힘을 되찾는 조선의 육군이 일본군을 물리칠 차례였다.

푸른 바다 위의 학날개 전법

한여름 뙤약볕 아래에서 이순신이 이끄는 전라 좌수영 수군들은 또 한 번의 승리를 위해 비지땀을 흘리고 있었다. 망가진 전함을 수리하고, 천자포와 현자포를 단단하게 매달았다. 포탄도 넉넉하게 실었다. 이 포탄이 날아가 일본군 전함을 가라앉게 만들 것을 생각하면 아무리 일이 고되어도 힘든 줄 몰랐다.

"어이~ 그 쪽 다 되었는가?"

"진작 다 했다네."

"이제는 장군님 명령만 기다리면 되겠군."

"어서 바다로 나갔으면 좋겠네. 그 나쁜 놈들 깡그리 몰아서 고기밥을 만들어야지. 억울하게 죽은 아버지, 어머니, 마누라, 내 새끼 원수를 꼭 갚고야 말겠어."

군사 하나가 구릿빛 팔뚝으로 눈물을 훔치며 말하였다.

"나는 믿음직스러운 거북선만 보면 용기가 샘솟아 오른다니까."

"나도 그렇다네. 용의 아가리에서 불길이 나오고, 철탄을 내쏘며 적군의 대장선을 향해 돌격하는 모습은 최고로 멋지지."

"왜놈들이 아무리 총을 쏘아 대도 철갑을 뒤집어썼으니 끄떡도 없고 말일세."

"거북선 등판은 뾰족한 송곳 천지니 독한 왜놈들이라 해도 뛰어 오를 수 없고……."

곁에 있던 앳된 수군이 말하였다.

"저는 이순신 장군님께서 계신 것이 가장 든든해요."

늙은 수군이 맞장구쳤다.

"난리가 나기 1년 전에 장군님이 오셨지. 그 때는 배란 배는 모두 낡은 데다 썩어 있었고, 창과 칼은 녹슬어 있었다네. 군사들은 명부에 이름만 올라 있을 뿐 사람은 온데간데없었고 말이야. 장군님께서 하나하나 바로 잡느라 고생 참 많이 하셨지."

여기저기서 맞장구치는 목소리가 들려왔다.

"군사들과 함께 농사도 지으셨어. 그 덕분에 우리가 군량을 마련해 둘 수 있었어."

"거북선을 생각해 내시고 우리와 함께 밤을 새워 만드셨지."

"우리가 철저하게 준비를 해 두었기 때문에 이길 수 있었던 거야."

"맞아. 그렇고 말고……."

그 시간, 이순신의 막사 안에서는 작전 회의가 열리고 있었다. 이번 작전은 전라도와 경상도 수군이 함께 펼치는 작전이었다. 이순신을 비롯한 여러 장수가 어떻게 움직일지 작전을 짰다. 첩자가 들고 온 일본군의 움직임에 대한 정보도 꼼꼼하게 살폈다.

"우리의 손에 나라와 백성들의 목숨이 달려 있소. 꼭 이깁시다."

이순신은 힘주어 말하며 부하 장수들을 하나하나 돌아보았다. 출정을 앞두고 이순신은 목청껏 외쳤다.

"적군이 일본으로 되돌아가지 못하도록 뱃길을 막아야 한다. 군사도, 식량도, 무기도 제대로 실어 내지 못하게 해야 한다. 우리는 이길 수 있다. 우리는 꼭 해 낼 것이다!"

군사들은 하늘을 찌를 듯한 함성으로 화답하였다.

"와~ 우리는 이길 수 있다. 우리는 꼭 해 낼 것이다!"

다음 날 아침. 90여 척으로 이루어진 조선 수군의 연합 함대가 출발했다. 남해도 노량 앞바다에 도착했을 때 일본 함선 70여 척이 견내량으로 들어갔다는 믿을 만한 첩보가 들어왔다. 견내량은 지형이 좁고 암초가 많은 곳이었다. 이순신은 유인 작전을 펼쳐 적의 함대를 한산도 앞 넓은 바다로 끌어냈다. 마음이 급했던 일본 함대는 조선 수군이 쳐 놓은 덫에 걸리고 말았다.

한산도 앞 푸른 바다 한복판으로 적의 함대가 나오자 갑자기 숨어 있던 조선 함선이 양쪽으로 늘어섰다. 동시에 전투의 시작을 울리는 북소리가 힘차게 울려 퍼졌다. 이순신이 깃발을 흔들며 외쳤다.

"적군을 에워싸라! 노를 저어라!"

조선 함대는 재빨리 움직였다. 학이 날아오르며 두 날개를 편 듯이 조선 수군이 순식간에 일본 수군을 에워쌌다.

"아니, 이게 어떻게 된 일이냐. 저 많은 조선 수군이 별안간 어디에서 나타난 것이냐?"

일본의 수군 대장 와키자카 야스하루의 얼굴이 흙빛이 되었다.

이순신은 다음 명령을 내렸다.

"현자포를 발사하라! 한 놈도 살려 보내서는 안 된다!"

"와~ 대포를 발사하라!"

조선 함대에서 대포가 한꺼번에 불을 뿜었다. 와키자카의 일본 함대도 죽을힘을 다해 총탄을 퍼부으며 싸웠지만, 조선 수군의 대포를 당해 낼

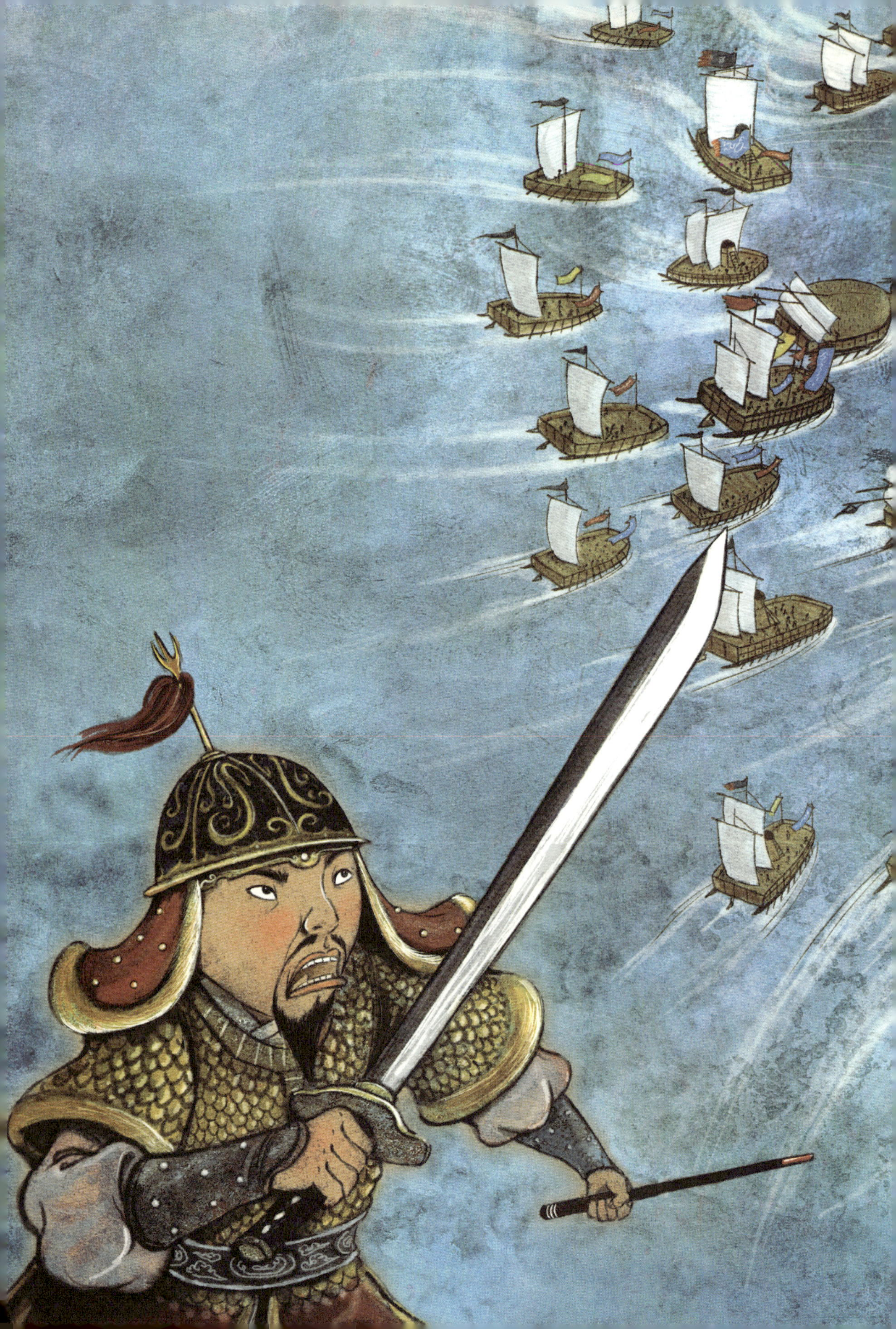

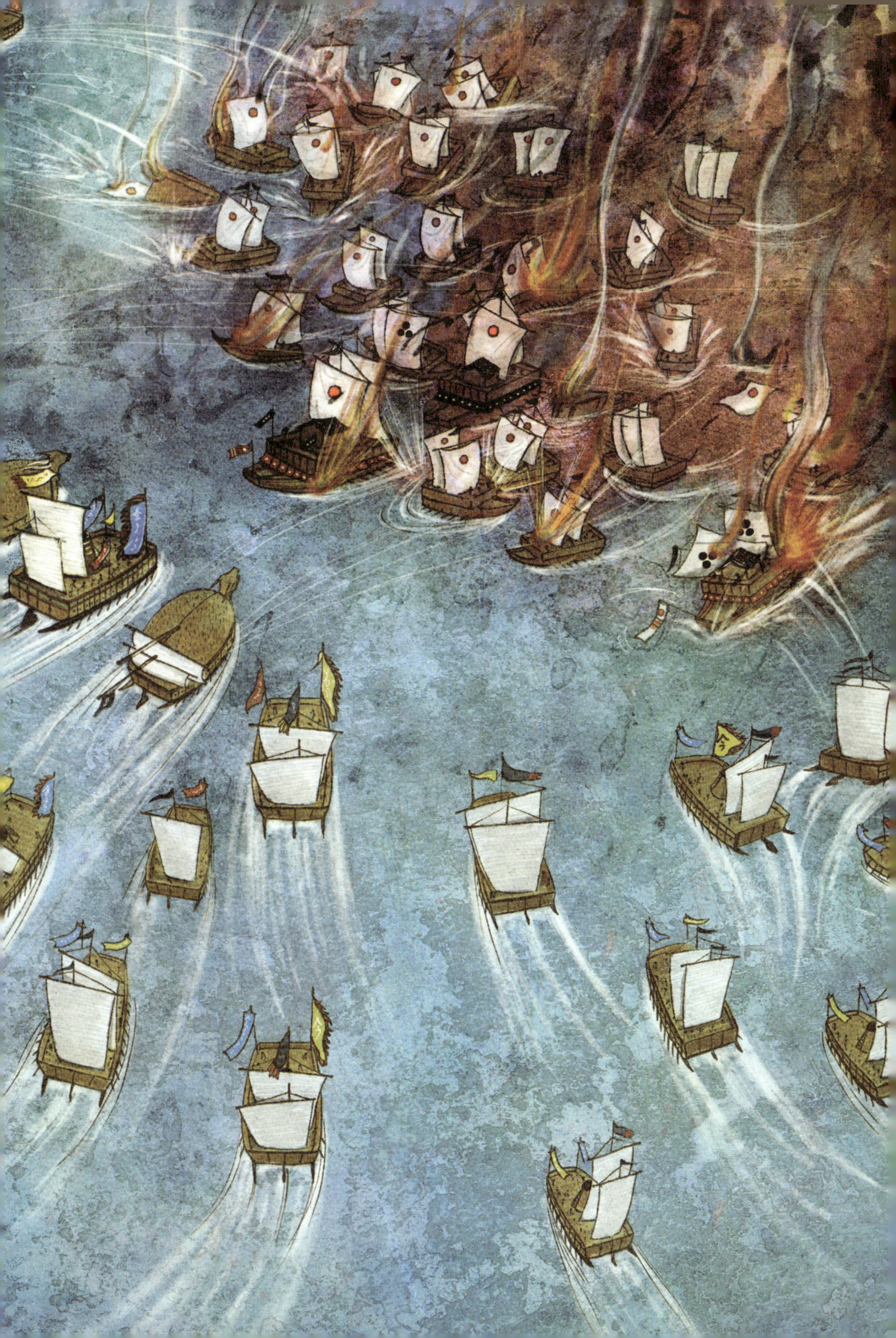

88 바다의 영웅, 거북선

거북선은 임진왜란이 터지기 직전, 전라 좌수영에서 이순신의 지휘 아래 고안해 만들어 낸 철갑 전선이다. 조선 전함의 장점을 살리면서도 적군이 뛰어들지 못하도록 만든 아이디어가 빛나는 돌격용 전함이다. 이순신의 〈난중일기〉에 따르면, 1592년 5월 29일 사천 해전에 처음 등장하여 조선 수군의 영웅이 되었다.

판옥선
조선 수군의 대표적인 전투선이다. 2층으로 되어 있어 적군이 기어오르기 어렵고, 함선 밑바닥이 넓고 평평하여 방향 전환이 잘 되었다.

거북선
판옥선을 개조하여 만든 함선이다. 등에는 철갑을 씌우고 단단한 쇠로 만든 송곳을 꽂아 적군이 올라오지 못했다. 거북선을 움직이기 위해서 수십 명의 군사가 일사분란하게 노를 저었다.

수 없었다. 드디어 위풍당당한 거북선 세 척이 나타났다. 일본 함대 한 가운데를 누비고 다니며 진을 흐트러뜨리고 닥치는 대로 포를 날렸다. 전투는 하루 종일 계속되었다. 한산도 앞바다는 불길에 휩싸인 일본 함대로 가득 찼다. 검은 연기가 하늘을 메우고, 군사들의 아우성과 비명으로 지옥이 되었다. 달아나 버린 10여 척을 제외한 모든 일본 함선이 침몰하였

조총
일본군이 임진왜란에서 사용한 화승총이다. 포르투갈산 조총을 네덜란드 상인이 일본에 전하여 전국 시대의 전투에서 널리 쓰였다.

동차에 실은 현자총통
총통이란 화약에 불을 붙여 발사하는 무기를 뜻한다. 크기나 발사 거리에 따라 천자문의 첫 구절인 천(天), 지(地), 현(玄), 황(黃)을 따서 천자총통, 지자총통, 현자총통, 황자총통으로 불렀다.

고, 헤아릴 수 없이 많은 일본 군사가 죽었다. 전투가 치열했던 만큼 죽거나 다친 조선 수군도 적지 않았다. 해질 무렵까지 계속된 전투의 승리는 조선 수군의 것이었다.

"만세~ 만세~"

붉은 노을이 진 한산도 앞바다로 조선 수군들의 감격에 찬 만세 소리가 퍼져 나갔다.

의병으로 떨쳐 일어난 백성들

난리가 터지자마자 관군은 무너졌지만, 내 고향과 내 가족을 지키기 위하여 이름 없는 농민과 노비들이 의병으로 일어나 일본군과 맞서 싸웠다. 지방의 이름난 선비들과 어진 정치를 펼쳐 백성들의 사랑을 받던 관리들이 의병 부대를 이끌었다. 이들은 자기의 재산까지 선뜻 내놓으며 나라를 구하자고 호소하였다. 피난 가는 선조 일행에게 돌을 던지고, 조정에서 군사를 모으면 모른 척하던 백성들이 이번에는 구름처럼 몰려들었다. 목을 베어도 도망자를 막을 수 없다는 관군과 달리, 떠나기를 원하는 자는 허락한다고 해도 빠져나가는 사람이 없을 정도로 의병의 사기가 높았다.

충청도 보은의 현감 조헌은 옥천에서 의병 부대를 모아 떨쳐 일어났다. 조헌의 의병 부대는 청주에서 일본군을 격파하고 금산에서 싸우다가 모두 장렬한 최후를 맞았다.

붉은옷을 입고 적군을 두려움에 떨게 했던 홍의 장군 곽재우는 경상도 의령에서 일어났다.

묘향사 서산 대사 ▲

경주 정문부

금강산 사명 대사 ▲

연안 이정암

금산 조헌, 영공

합천 정인홍

담양 고경명

의령 곽재우

김덕령

김천일

의병의 활동 지역과 의병장

"지금 나라의 운명이 바람 앞의 촛불과 같다. 이대로 있다가는 수백 년의 종묘사직이 하루아침에 잿더미가 될 것이다. 그런데 어찌 백성으로서 편히 앉아서 책이나 읽을 수 있겠느냐. 나는 저 간악한 섬 오랑캐의 만행에 맞서 의병을 일으키려 한다. 진정으로 백성의 도리를 아는 자라면 나와 더불어 분연히 일어서야 할 것이다."

 곽재우 의병 부대는 특히 게릴라 전술로 빛나는 성과를 올렸다. 그를 따르던 의병들은 낙동강 근처에서 일본군을 괴롭히며 전쟁 물자를 옮기지 못하게 하였다. 일본군이 도자기 약탈에 혈안이 되어 있는 것을 알고는 그들이 지나는 길목에 도자기와 벌 떼가 든 상자를 같이 넣어 두기도 하였다. 도자기를 보고는 좋아하며 상자를 연 일본군이 벌 떼의 공격에 혼쭐이 났다. 곽재우는 여세를 몰아 진주에서 김시민 장군이 이끄는 관군과 힘을 합쳐 일본군을 크게 무찔렀다. 진주성의 군사와 백성들은 끓는 물과 도끼까지 동원해 가며 조총을 가진 일본군에 대항하여 결국 성을 지켜 냈다.

 전라도 담양에서 일어난 고경명의 의병은 7000명에 이르렀다. 고경명의 의병 부대는 평양을 되찾기 위해 북쪽으로 내달렸다. 변변한 무기도 없이 엄청난 수의 일본군을 상대로 당당하게 싸웠지만 결국 금산 부근에서 전멸당하고 말았다. 김천일은 전라도 나주에서, 김덕령은 광주에서 의병을 이끌었다.

 의병들은 적군이 지나는 길목에 함정을 파기도 하였다. 갑옷도 입지 않은 채 싸웠던 의병들은 때로 전멸을 당하면서 자신의 몸을 방패 삼아 조선을 지켜 냈다.

멸시와 차별에 시달리던 불교 승려들도 앞장서서 싸웠다. 그들은 산성을 보수하고 병든 사람을 돌보았다. 묘향산에 있던 서산 대사의 격문으로 많은 승려가 일어났고, 영규 대사, 처영 대사, 유정 대사, 홍정 대사 등이 승병을 이끌고 용감하게 싸웠다. 영규 대사가 이끈 승병은 금산에서 조헌의 의병과 함께 싸우다 모두 전사하였다.

수군과 의병의 승리에 힘입어 관군도 차츰 제자리를 찾아갔다. 드디어 권율이 이끄는 관군이 행주성에서 의병 부대와 연합 작전을 벌여 큰 승리를 거두었다. 행주성은 한성의 서북쪽에 있는 작은 성이다. 그러나 도읍으로 가는 길목인 데다 한강을 내려다보는 위치에 있어서 적과 싸우거나 방어할 때 유리한 지형이

다. 권율은 행주성을 근거지로 삼아 일본군과 싸우면서 한성을 되찾는 것이 좋겠다고 생각했다.

돌과 흙으로 성을 높이 쌓을 시간이 없어서 백성과 군사들을 동원하여 나무로 성벽을 세웠다. 물레방아처럼 돌아가며 연달아 돌을 날리는 무기도 만들었다. 큰 수레 안에 총구 40개를 내고 그 안에서 밖을 향해 쏘는 신무기도 들여놓았다. 이 새로운 무기는 바람이 불거나 비가 쏟아져도 끄떡없이 불을 뿜었다.

곳곳에서 의병과 관군이 연합하여 행주성을 응원했다. 이들은 일본군을 갑자기 습격하거나 무기와 식량의 보급로를 끊으면서 권율의 작전을 도왔다.

일본군은 다른 전투에서 여러 차례 권율에게 패한 분풀이를 할 겸 3만 명의 군사를 총출동시켜 행주성을 공격했다. 행주성을 지키던 조선군은 2300명뿐이었다. 성 안 백성들은 가마솥에 물을 채워 펄펄 끓이고 돌멩이를 산더미처럼 쌓아 두었다. 무기가 될 만한 것은 무엇이든지 모아 두었다.

추운 겨울날 이른 새벽, 멀리서 일본군이 몰려오는 모습이 보였다. 권율은 망루에 올라 밀려오는 적을 매섭게 쏘아 보았다. 군사들과 백성들은 숨을 죽였다. 적이 성벽 바로 앞에 이르렀을 때 공격을 알리는 북이 울렸다. 군사들과 백성들은 일제히 함성을 지르며 적을 향해 횟가루를 뿌렸다. 적군이 눈을 뜨지 못해 우왕좌왕하는 사이에 여자들이 앞치마로 돌을 날라 던졌다. 처영 대사가 이끄는 1000여 명의 승려 의병 부대도 창과 칼로 적군과 부딪히며 목숨을 던져 싸웠다.

성 안의 돌멩이가 서서히 바닥을 드러내고 일본군이 다시 기세를 올리기 시작했을 때 한강을 거슬러 오는 두 척의 배가 보였다. 수만 개의 화살을 실은 조선의 배였다. 행주성의 군사들은 다시 힘을 내고 일본군은 주춤거렸다. 이날 싸움에서 가토 기요마사가 이끈 일본군 정예 부대는 1만 명의 군사를 잃고 조선 관군과 백성들에게 무릎을 꿇었다. 길이 빛날 행주성의 승리는 행주치마의 전설을 만들며 죽기로 싸웠던 백성들의 승리였다.

전쟁의 상처를
이겨 내는 사람들

물러가는 일본군

명나라와 일본의 평화 교섭은 4년 동안이나 지루하게 계속되었지만 결국 깨지고 말았다. 그리고 정유년에 일본군이 다시 쳐들어왔다. 하지만 5년 전 임진년의 상황과는 사뭇 달랐다. 무엇보다 조선은 싸울 준비가 되어 있었다. 이제는 훈련도감을 비롯한 여러 정예 부대가 버티고 있었다. 무기도 정비했고, 군사를 움직이는 작전도 바꾸었다. 이제는 예전처럼 단 한 번의 패배로 방어선이 뚫리지는 않을 터였다.

   일본군은 육지전에서 경상도를 벗어나지 못하였다. 그러나 이번에는 조선 수군이 고전을 면치 못하였다. 이순신은 모함을 받아 장군 지위를 잃고 곤경에 처해 있었고, 원균이 이끄는 수군이 번번이 패하여 전라도 앞바다까지 위협을 받았다. 선조는 이순신을 다시 3도 수군통제사로 삼았다. 이순신이 돌아왔을 때 남은 배는 고작 12척뿐이었다.

   이순신은 만신창이가 된 조선 수군을 다시 일으켜 세우는 데 온 힘을

쏟았다. 그러나 시간이 너무나 부족했다. 일본 수군은 조선 수군을 얕잡아 보았다.

"겨우 12척으로 우리를 당할 수 있을 것 같으냐. 이번에는 천하의 이순신이라 해도 우리를 이길 수 없을 것이다. 조선 수군의 숨통을 끊어버리자."

마침내 일본이 133척의 대함대로 공격해 왔다. 조선 수군은 12척으로 133척의 함대를 맞아

비장한 각오로 싸웠다. 배가 부딪혀 가라앉고 창검이 번뜩이는 치열한 싸움이 하루 종일 계속되었다. 일본 전함들은 울돌목에 이르러 물살에 밀리다가 조선 수군이 미리 쳐 둔 쇠줄에 걸려 가라앉고 말았다. 적장 구루시마가 화살에 맞아 죽자 기세가 꺾인 일본군이 달아나기 시작하였다. 이순신의 작전이 그대로 들어맞았다. 조선 수군은 정말 기적 같은 승리를 거두었다. 세계 해전사에 길이 남은 명량 대첩이었다.

이 무렵 도요토미 히데요시가 죽었다. 그는 숨을 거두면서 조선에 침공한 군대를 철수하라고 명했다. 일본으로 돌아가려는 수백 척의 전함과 군사들이 노량 앞바다에 모여들었다. 이순신은 명나라와 조선의 연합 함대를 이끌고 노량으로 나아갔다.

둥~둥~ 개전을 알리는 북소리와 병사들의 함성이 하늘을 흔들고 대포 소리가 바다를 뒤흔들었다. 비 오듯 쏟아지는 조총 탄환에 대포와 불화살을 퍼부으며 조선 수군은 용기백배하여 닥치는 대로 일본군을 쳐부수었다. 어디선가 날아온 탄환 한 발이 이순신의 왼쪽 가슴을 꿰뚫었다.

"장군님! 괜찮으십니까?"

"싸움이 급하다. 이 싸움에서 꼭 승리해야 한다. 그러니 내 죽음을 알리지 마라……."

이순신은 조선의 승리가 눈앞에 다가온 순간 죽음을 맞았다. 노량 해전의 승리와 함께 일본군은 완전히 물러갔다. 온 나라를 폐허로 만든 전쟁은 끝났다. 선조와 조선 조정은 폐허로 변한 한성으로 돌아왔다.

씻지 못할 전쟁의 상처

전쟁의 먹구름이 조선을 뒤덮고 있던 어느 날. 경기도에 사는 선비 한 사람이 급한 일로 길을 나섰다. 눈에 보이는 곳마다 폐허였다. 그의 눈에 어린아이를 안고 서럽게 울고 있는 여인이 들어왔다.

"왜 울고 있소?"

선비가 다가가 물었다.

"어젯밤에 남편이 저와 아이를 버리고 떠나 버렸습니다. 이제 어찌 살면 좋겠습니까? 흐흑."

여인을 뒤로하고 무거운 걸음을 옮기는 선비는 마음이 너무 아팠다.

'짐승도 처자식을 사랑하는 법인데 버리고 간 그 사람의 마음은 오죽할까.'

얼마 가지 않아 무너진 집터에서 울고 있는 아이를 보았다. 아이 곁에 있던 사람이 탄식하였다.

"아이고, 어미 잃은 이 어린 것이 어찌 살겠는가! 이 아이도 곧 죽게 생겼구나……."

말하는 사람도 목숨이 붙어 있을 뿐이지 몰골은 차마 눈 뜨고 볼 수 없을 정도로 형편없었다. 선비의 눈에 비친 세상은 생지옥이었다. 쓰러져 죽은 사람이 길에 가득하고 썩어 가는 시체가 냇물을 막을 정도였다.

선비는 주먹으로 가슴을 쳤다.

'나라를 제대로 이끌지 못한 사람들의 죄가 참으로 크구나. 전쟁 때문에 착한 백성들이 이렇게 고통을 받다니…….'

일본군은 조선 백성들을 닥치는 대로 죽이고 마을을 약탈했다.

"일본 군사들이 조선 사람의 코를 베어 일본으로 가져간대요. 아이들을 사냥하듯 몰이해서 잡고, 부모는 칼로 쳐 죽인답니다. 어이구, 험악한 세상 같으니라고……."

간신히 살아남은 사람들도 전염병에 죽어 갔다. 일본군을 피해 떠났던 사람이 고향에 다시 돌아와도 살던 집은 이미 불타 없어진 경우가 허다했다. 피땀 흘려 일구던 논과 밭은 거친 황무지로 변해 있었다. 살아갈 일이 하도 막막하여 차라리 죽은 사람이 부럽다는 말이 나올 정도였다.

전쟁의 난리 속에 일본으로 끌려간 사람도 헤아릴 수 없이 많았다. 10만 명이 넘는 조선 사람이 강제로 배에 실려 약탈한 물건과 함께 일본으로 보내졌다. 특히 일본 군사들은 도자기를 약탈하고, 도자기 만드는 기술자와 도공을 찾아내 끌고 가는 데 혈안이었다. 일본으로 끌려간 사람들은 포르투갈 상인에게 노예로 팔려 나가기도 하였다. 이들 중 전쟁이 끝나고 고향으로 돌아온 사람은 그리 많지 않았다.

교토 대불사의 코 무덤
일본군은 조선군과 백성들을 죽이고, 그 증거로 코를 베어 갔다.

조선인 김충선으로 귀화한 일본인 사야가

전쟁은 일본 백성도 고통으로 몰아넣었다. 일본 군사들도 오랜 전쟁으로 지치고, 추위와 굶주림에 시달리며 죽어 갔다. 그들의 절반은 영주의 명령으로 끌려 나온 백성들이었다. 원치 않는 전쟁에 나온 사람 가운데 스물한 살의 젊은 영주 사야가도 있었다. 사야가는 가토 기요마사의 부하 장수였는데, 조선을 침략하는 첫 부대의 선봉에 서게 되었다.

'전쟁이라면 이제 지긋지긋하다. 갓 열 살이 되었을 때부터 전쟁터를 다니며 본 것은 억울한 죽음뿐이야. 무고한 백성이 고통받는 전쟁을 해서는 안 돼.'

3000명의 군사를 이끌고 조선 땅을 밟은 사야가는 부산진과 동래성 전투에 참여하였다. 두 성이 함락되자 사야가는 곧바로 부하들에게 약탈을 금지하는 군령을 내렸다. 일주일 뒤 사야가는 경상도 병마절도사 박진에게 간곡한 편지를 보냈다.

> 임진년 사월 일본국 선봉장 사야가는 삼가 몸과 마음을 깨끗이 하고 머리 숙여 조선국 절도사님께 글을 올립니다. 이번에 일본이 이유 없이 군사를 일으키며 저를 선봉장으로 삼았습니다. 조선에 한번 나가보고 싶어서 선봉이 되어 군사를 이끌고 조선에 왔습니다. 저의 소원은 예의와 문물 풍속이 아름다운 조선의 백성이 되는 것입니다.

97

사야가는 자신이 이끌던 철포 부대 500명을 이끌고 조선 사람이 되고자 귀화하였다. 그러고는 절도사에게 다시 편지를 보냈다.

> 제가 조선의 병기를 보았더니 칼과 창, 도끼와 활이 있었습니다. 그러나 직접 싸울 때 쓸 만한 무기가 없으니 개탄할 일입니다. 둔한 무기로 싸우는 것은 자기 군사를 적에게 내어 맡기는 것과 다를 바 없습니다. 제가 화포와 조총 만드는 법을 알고 있습니다. 이 기술을 전투에 쓴다면 어떤 싸움엔들 이기지 못하겠습니까?

사야가는 조선의 장수가 되어 홍의 장군 곽재우를 돕는 등 8번이나 일본군을 무찔렀다. 함락되었던 18개의 성을 되찾아 오자 도원수 권율은 사야가에게 상을 내릴 것을 선조에게 간청하였다. 선조는 사야가에게 높은 관직을 내리고 '김충선'이라는 새 이름도 내렸다.

마침내 전쟁이 끝났지만 사야가, 김충선은 일본 고향으로 돌아가지 않고 장씨 성을 가진 처녀와 결혼하여 경상도 달성 우록 마을에서 조선 사람으로 평생을 살았다. 하지만 그의 마음속에는 고향에 두고 온 가족을 그리는 눈물이 마를 새 없었다.

남쪽에서 바람이 불어오면 내 고향이 생각나네.
조상의 무덤은 평안할까? 일곱 형제들은 무사할까?
구름 보며 고향 생각하고, 봄풀을 봐도 고향을 생각하네.
언제라고 고향을 생각하는 마음이 없을까?

일가 친척들은 살아 있을까? 세상을 떠났을까?

고향 산천에 대한 그리움이 끝이 없구나.

나라엔 불충을 하고 집에는 불행을 불러왔으니,

세상에 나보다 더 큰 죄인이 있을까?

아마도 세상에 제일 흉한 팔자를 가진 이는 나뿐인가 하노라.

다시 일어서는 조선

한성으로 돌아온 선조와 세자 광해군 그리고 조정 대신들의 걱정은 태산 같았다.

"백성들의 고통이 차마 눈 뜨고 못 볼 지경이도다."

선조의 한숨도 깊었다.

"전란 중에 모든 문서와 기록이 없어져서 제대로 세금을 거둘 수가 없습니다. 농사를 지을 수 있는 땅도 전쟁 전의 절반에도 훨씬 못 미칩니다."

"병든 백성과 굶주린 백성으로 가득해 곡식을 풀어 이들을 돕고 싶지만, 나라 곳간이 텅 비었으니 망극할 따름이옵니다."

"나라 전체가 황무지가 되었사옵니다. 다시 개간하고 기름진 땅으로 만들어야 하옵니다."

급히 해야 할 일이 많아 끝이 없었다.

"전하, 불타 버린 궁궐도 하루빨리 다시 세우셔야 하옵니다. 역대 선왕들의 실록이 전주에 보관되었던 것만 빼고는 모두 불타 버렸습니다. 종묘사직을 보존하려면 다시 간행해야 하옵니다."

왕의 얼굴이 근심으로 점점 더 어두워졌다.
"그러니, 어찌하면 좋겠소? 나라에서 해야 할 일은 많은데 곳간은 비어 있고 세금은 턱없이 모자라니……."
대신 한 사람이 말하였다.
"전하, 그래도 가난한 백성들의 세금을 줄여 주셔야 합니다. 대신 곡식을 바칠 수 있는 농민은 신분을 올려 주는 것도 좋을 듯하옵니다. 더러 노비 중에도 재산을 많이 모은 자가 있다고 들었습니다."
다른 이가 가로막고 나섰다.
"그것은 안 될 말입니다. 선비와 노비의 신분이 엄연히 다르거늘……."
선조가 고개를 끄덕이며 말하였다.
"나라를 수습하는 게 먼저 아니겠소? 공을 세운 백성들을 빠짐없이 알아내도록 하세요. 그들에게 상을 내려 성난 민심을 다독이도록 하세요."
강인한 조선의 백성들은 전쟁의 폐허와 상처를 딛고 다시 일어섰다. 물을 마시고도 죽을 먹은 것

처럼, 죽을 먹고도 밥을 먹은 것처럼 기운을 내어 전쟁이 할퀴고 간 나라를 다시 일으켜 세웠다.

돌투성이 황무지가 된 농토를 일구어 수확도 늘려 갔다. 없어진 길을 다시 만들고 무너져 내린 성을 쌓는 일에도 묵묵히 힘을 보탰다. 저수지를 쌓고 물길을 내어 가뭄에도 걱정 없이 벼농사를 지을 수 있도록 하였다. 불타 버린 고을 관아와 향교를 비롯해 수많은 건물을 다시 지어 올렸다.

나랏일을 보는 관청들도 다시 바삐 돌아가기 시작했다. 불타 버린 책을 다시 찍어 내고, 전국의 토지와 인구를 다시 헤아렸다. 성균관과 향교에서는 다시 책을 읽는 소리가 들렸다. 그렇게 하루가 가고 몇 달이 가고 여러 해가 흘렀다.

일본과의 외교 관계도 회복되었다. 얼마 후 쓰시마 도주가 조선과 다시 교역할 수 있게 해 달라고 간청했고, 새로 일본의 권력자가 된 도쿠가와 이에야스도 조선과 다시 잘 지내고 싶다는 마음을 전해 왔다. 조선에서도 이 청을 받아들였다. 사명당 유정 대사를 일본으로 보내 조선인 포로들을 데려온 다음 외교 관계를 회복하기 위한 교섭을 벌였다. 전쟁이 끝나고 10년쯤 지난 1609년 일본과 조선은 다시 국교를 맺었다. 그리고 일본에 통신사를 다시 파견하기 시작하였다.

광해군의 슬픔

"아직 명나라의 책봉도 받지 못했는데, 네가 어찌 세자 행사를 한단 말이냐. 다음부터는 문안 인사도 오지 말라."

아버지 선조의 싸늘한 대답에 세자 광해군이 눈물을 삼켰다.

'아바마마, 어찌 이러시옵니까? 소자, 죽을힘을 다해 아바마마와 나라를 지키고자 하였사온데……'

명나라는 자기들 나라의 세자가 아직 정해지지 않았는데, 조선의 세자를 먼저 정하는 것은 옳지 않다면서 광해군을 세자로 인정하는 일을 자꾸 미루었다. 임진왜란이 터지자마자 세자가 된 열여덟 살 광해군은 피난 보따리를 꾸린 아버지를 대신해서 군사와 식량을 모으고 직접 전투에 나섰다. 백성의 마음을 다독이고 의병을 돕는 일에 목숨을 걸고 앞장섰던 광해군에 대한 백성들과 신하들의 신망은 두터웠다. 하지만 전쟁이 끝난 뒤 아들 광해군을 바라보는 아버지 선조의 마음은 갈수록 불편하였다. 명나라에서 온 사신이 선조를 못난 임금으로 비웃으며 광해군의 용감한 행동을 칭찬한 뒤로 눈에 보이게 아들을 미워하였다.

'괘씸한 녀석, 제 녀석도 나를 비웃고 있겠지?'

중전이 병으로 세상을 떠나자 나이 쉰을 바라보던 선조는 새 장가를 들었다. 열여섯 살 새 왕비는 6년 뒤에 왕자를 낳았다. 영창 대군이었다.

"드디어, 나에게도 하늘이 적자(왕비가 낳은 아들)를 주셨구나. 왕비가 낳은 첫 왕자로다!"

광해군과 다른 아들들은 후궁에게서 태어난 서자였다. 선조는 광해군

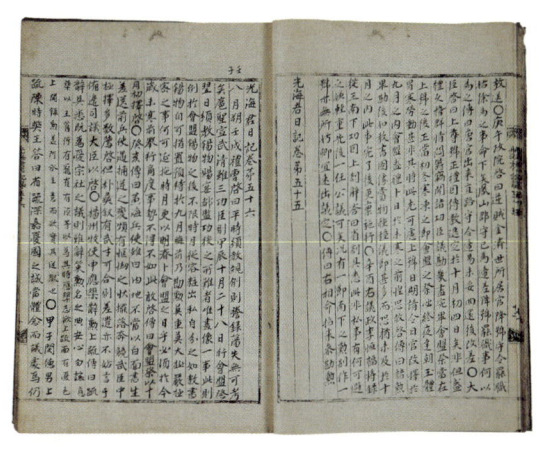

〈광해군 일기〉
조선의 제15대 왕 광해군이 왕위에 있었던 15년 동안의 기록이다. 광해군이 중간에 쫓겨났기 때문에 '실록'이라고 하지 않고 '일기'라고 부른다.

을 밀어내고 영창 대군을 세자로 삼고 싶어졌다.

'광해군을 세자로 삼은 것이야 갑작스러운 난리 때문에 어쩔 수 없었지.'

이제 나이 서른을 훌쩍 넘긴 세자 광해군과 아직 걸음마도 떼지 못한 영창 대군. 흔들리는 선조의 마음을 눈치 챈 몇몇 대신들이 영창 대군을 세자로 삼으려고 은밀히 움직이기 시작하였다.

그런데 선조가 갑자기 죽고 말았다. 아무리 선조가 영창 대군을 사랑했어도 두 살배기 아기가 왕이 될 수는 없는 노릇이었다. 영창 대군의 어머니 인목 대비는 광해군을 왕으로 삼는다는 교지를 내렸다.

1608년 초봄. 드디어 광해군은 만백성의 어버이, 왕이 되었다. 전쟁이 남긴 아픔과 폐허에서 조선을 다시 일으켜 세우려면 갈 길이 멀었다. 광해군은 굳게 다짐하였다.

'첫째도 백성, 둘째도 백성, 셋째도 백성을 위한 정치를 하겠다.'

북쪽에서 불어오는 시련의 바람

백성을 보살피는 나라가 되어야

광해군은 햇살이 따사로운 창덕궁 인정전 앞을 거닐었다. '인정(仁政)'이라는 글자가 오늘따라 유난히 크게 눈에 들어왔다.

'인정, 어진 정치라…….'

맑고 청명한 날씨와는 반대로 왕의 마음은 점점 더 무거워졌다.

임진년에 일어났던 전쟁이 끝난 지도 어언 10년. 불타 버렸던 창덕궁은 서서히 제 모습을 되찾고 있었다. 계절따라 오색 꽃이 피고 지고, 새들이 아름답게 지저귀는 소리도 들렸다. 하지만 백성들의 비참한 삶은 그다지 나아진 것이 없었다.

"구름 한 점 없는 맑은 하늘이 이렇게 원망스러울 수가 없구나."

"전하, 재작년에 이어 작년에도 흉년이 들어 백성들의 고통이 이만저만이 아닙니다. 올해는 비가 제때 내려 주어 풍년이 들어야 하는데…….''

뒤따르던 내관이 허리를 굽히면서 말끝을 흐렸다.

"오랜 전쟁에, 굶주림에, 역병에, 백성들에게 버틸 힘이 남아 있을지가 의문이구나. 이런 때일수록 나라에서 백성을 돌봐야 하는 법이다."

광해군은 중대한 결심을 했다. 대신들이 제아무리 반대를 해도 끝까지 밀고 나가려고 마음을 먹었다.

"우선 경기도부터 공납을 물건이 아닌 쌀로 바치도록 하시오. 땅이 없는 농민은 공납을 내지 않도록 하고, 땅이 많은 사람일수록 더 많은 공납을 내도록 하시오. 그리고 선혜청을 두어 이 일을 맡기도록 하시오"

드디어 대동법을 시행하라는 왕명이 떨어진 것이다.

백발이 성성한 영의정 이원익의 주름진 얼굴에 햇살처럼 밝은 웃음이 번졌다. 백성들은 이원익을 '오리 정승, 우리 정승'이라고 부르며 존경하였다. 대동법을 빨리 시행하여 가난한 백성들의 공납 부담을 줄여야 한다고 왕에게 여러 번 간청하고 재촉한 사람도 바로 그였다.

율곡 이이부터 한백겸, 김육, 이원익까지 백성을 염려한 대신들은 대동법 실시를 오랫동안 주장해 왔다.

새로운 법, 대동법에 대한 소문은 삽시간에 퍼져 나갔다. 백성들은 삼삼오오 모이기만 하면 대동법에 대해 이야기했다.

"이제, 공납을 쌀로 내면 된다며? 그러면 뭐가 좋은가?"

"당연히 좋지. 지금까지는 과일이다, 짐승 가죽이다, 약재다 하면서 마을마다 온갖 물건을 바치지 않았는가? 매년 정해진 때 바치고, 나라에서 필요하다고 하면 또 바치고……."

"공납 바치다가 허리가 휘어 부러질 정도였지."

"우리 고을에서 나지 않는 물건까지 사서 바치려니 죽을 맛이었어."

처음 말을 꺼냈던 백성이 울분을 터뜨렸다.

"그놈의 방납인들이 우리를 더 힘들게 만들었어."

곁에 섰던 백성이 맞장구쳤다.

"맞아 맞아. 구하기 힘든 물건, 좋은 물건을 대신 내준다면서 몇 배 아니 몇 십 배씩 챙겨 가던 도둑 같은 놈들이었지."

"이제 공납은 땅을 많이 가진 사람들이 더 많이 내고, 우리처럼 가난한 백성들은 거의 안 내도 된다네."

"정말? 정말인가?"

한 백성이 도저히 믿기지 않는다는 듯 다그쳐 물었다.

"틀림없는 사실이네. 이제 양반하고 땅이 많은 지주들이 훨씬 많은 부담을 지게 되었다네."

"이 법을 반대하는 양반들의 목소리가 엄청 컸다더니 그래서 그랬군!"

양반 지주들의 반대에 부딪힌 대동법이 북쪽 일부를 제외한 나라 전체에 시행된 것은 이로부터 꼭 100년이 지난 1708년이었다.

허준, 〈동의보감〉을 만들다

깊은 밤. 내의원 건물에서 누군가의 그림자가 조용히 움직였다. 조선 최고의 의원 허준이었다. 허준은 천천히 붓을 내려놓았다.
'드디어 완성되었구나.'
두툼한 25권의 책을 하나하나 손으로 쓰다듬어 보았다. 조선 최고의 의원으로서 해야 할 마지막 임무를 다했다는 기쁨이 밀려왔다. 완성된 책은 의학 백과사전 〈동의보감〉이었다.

소금
배가 그득하게 아프면서 가슴이 답답할 때 아주 진하게 끓인 소금물을 한두 사발을 한 번에 마시고 토하면 진정된다.

계피
뱃속이 차가워서 참을 수 없이 아픈 것을 낫게 한다. 계피를 달여 먹거나 가루 내어 먹어도 좋다. 가을과 겨울에 배가 아픈 데는 계피가 아니면 멎지 않는다.

총백(파의 밑동)
배가 차서 아픈 것을 치료한다. 총백을 진하게 달여 먹거나 잘게 썰어서 소금에 버무린 뒤 볶아서 뜨겁게 찜질하면 좋다.

길경(도라지)
뱃속이 그득하고 아픈 것을 낫게 한다. 길경을 썰어서 진하게 달여 먹는다.

허준의 눈앞에 16년 전의 일이 스쳐 지나갔다. 임진년에 터진 일본과의 전쟁이 수그러들 기미를 보이자, 선조는 허준과 여러 의원을 불러서 의학서를 만들라는 명을 내렸다.

"불쌍하게 살아남은 백성들마저 기근과 병으로 쓰러져 가고 있소. 날이 갈수록 백성의 수가 줄어드니, 이러다가 나라가 없어지는 것은 아닐지 모르겠소. 별것 아닌 병으로 목숨을 잃는 사람이라도 줄여야 하지 않겠소?"

허준은 먼저 아이 낳는 산모를 위한 의서를 한글로 번역하였다. 당시에는 아이를 낳다가 죽는 산모가 너무나 많았고, 태어난 아이 중 절반은 1년도 못 살고 죽었다. 조선의 인구수를 늘리려면 새로 태어나는 목숨부터 지켜야 했다.

한번 걸리면 열에 아홉은 높은 열에 시달리다 죽어 나간다는 전염병 두창(천연두)에 대한 의서도 한글로 번역하였다. 응급 환자 치료법을 한글로 번역한 책도 펴냈다.

'더 많은 사람이 이 책을 보고 아까운 목숨을 구할 수 있어야 할 텐데……'

허준은 곧이어 〈동의보감〉을 만드는 일에 심혈을 기울였다.

'최고로 훌륭한 의학서를 만들어 내고야 말겠어. 중국과 일본의 의학서보다도 우리의 의학서가 최고라는 것을 보여 주어야지.'

선조가 세상을 떠난 뒤 어의로서 책임을 지고 의주로 귀양을 갔을 때도 〈동의보감〉 쓰는 일을 멈추지 않았다. 여럿이 시작한 일이었지만 결국 엄청난 작업을 홀로 책임지고 해 냈다. 광해군도 허준이 불편 없이 책을 쓸 수 있도록 도와주었다.

〈동의보감〉이 완성되자 광해군은 진심으로 감격스러워했다.

"정말 수고 많았소!"

"이 책에 제가 평생 동안 공부한 모든 것을 담았습니다. 몸과 마음을 수양해서 건강을 지키는 방법, 몸 안에 생긴 병과 몸 밖에 생긴 병, 전염병, 약물 1000여 종의 쓰임새와 구하는 법, 침놓는 법 등을 세세하게 써 놓았습니다."

〈동의보감〉을 살펴보던 광해군이 감탄하였다.

"약물의 한문 이름 아래에 백성들이 부르는 이름도 한글로 적어 놓았군요."

"백성들에게 도움을 주기 위해 그렇게 하였습니다."

3년 뒤 허준은 세상을 떠났지만 점점 더 많은 의원과 약국에서 〈동의보감〉에 따라 처방하고 병을 고쳤다. 웬만한 양반집에는 〈동의보감〉을 갖추어 놓을 정도였다. 〈동의보감〉은 중국 황실에서 귀한 대접을 받았을 뿐만 아니라 중국의 서점에서도 팔려 나갔다. 조선에 오는 일본 사신들은 〈동의보감〉을 구해서 돌아갔다. 오랫동안 〈동의보감〉은 조선과 중국, 일본에서 병든 사람들을 구하는 데 중요한 의서가 되었다.

명과 후금 사이에서

1618년 봄, 광해군이 왕위에 오른 지 10년이 되던 해 조선 조정이 크게 술렁였다. 후금에 밀리고 있던 명나라가 군대를 보내줄 것을 조선에 요구해 왔기 때문이다. 당시 명나라는 큰 어려움에 빠져 있었다.

국력이 빠르게 약해지는 명나라 대신 북쪽의 여진이 무섭게 세력을 키

우더니 드디어 후금이라는 나라를 세웠다. 일찍이 고려와 맞섰던 금나라의 후예라는 뜻이었다. 후금의 왕이 된 누르하치는 명나라를 공격해 들어갔다. 명나라 황제는 조선이 명나라와 함께 후금을 쳐야 한다며 군대를 보내라고 요구해 왔다.

광해군은 이미 오래전부터 이런 상황이 올까 봐 걱정을 하고 있었다.

'명나라가 후금을 이기지 못할 것은 불을 보듯 뻔하다. 음, 임진년의 은혜를 갚아야 한다며 군대를 보내라니 어쩌면 좋을까?'

조선의 처지는 정말 난처했다. 아무리 은혜를 입은 명나라의 부탁이라 해도 나날이 세력을 키워 가는 후금이 바로 머리 위에 버티고 있는데 무턱대고 명나라 편만을 들 수도 없는 노릇이었다. 후금의 누르하치도 조선에 사신을 보내왔다.

"조선이 명나라를 위해 출병한다는데, 이는 매우 위험한 일이오. 우리는 조선과 아무런 원한이 없소. 훗날을 생각하여 잘 판단하시오."

그러나 군사를 보내야 한다고 생각하는 대신들의 목소리가 만만치 않았다. 그 중 몇몇은 나라가 망하는 한이 있더라도 명나라와 함께 후금을 쳐야 한다고 주장하였다.

"명나라와의 의리를 저버리고 원군을 보내지 않으면 우리가 오랑캐와 다를 바 없다고 인정하는 꼴이 되고 맙니다. 차라리 모든 백성이 함께 싸우다 죽는 것이 옳습니다."

"명나라를 돕지 않다가 또 난리를 당하면 그 때는 누가 우리를 돕겠습니까?"

군자와 선비들이 이끄는 나라가 은혜를 저버린다는 일은 도저히 상상

할 수도 없었다. 하지만 광해군의 생각은 달랐다.

'백성이 있고서야 의리도 은혜도 있는 법이 아닌가? 지금 또 전쟁에 말려들면 조선은 망하고 만다.'

왕은 군대를 보내지 않는 쪽으로 마음을 굳히고 있었다.

명나라에서는 출병을 재촉하는 사신을 다시 보내왔다. 게다가 선비들의 상소가 빗발치자 광해군은 강홍립을 대장으로 삼아 1만여 명의 군사를 파견하기로 하였다. 강홍립은 중국어에 능통했다.

광해군은 강홍립을 불러 조용히 말하였다.

〈충렬록〉 파진대적도
1619년 압록강을 건넜던 강홍립 휘하의 조선 원정군이 후금군과 맞서고 있는 장면을 그린 그림이다.
정조 때 간행된 〈충렬록〉에 실려 있다. 명나라는 청나라의 말을 탄 철기병을 누를 수 있는
신무기 조총으로 무장한 조선군 부대를 탐냈다.

"조선이 다시 전란에 휘말려서는 안 되오. 명나라 장수들의 명령에 무조건 따르지 말고 신중하게 움직이시오."

'전하의 뜻은 명나라의 편을 들어 싸우되, 후금과 적극적으로 싸우지는 말라는 것이다.'

강홍립은 광해군의 마음을 헤아리고 있었다.

강홍립은 군사를 이끌고 압록강을 건너 명나라 군대와 합세했다. 그러나 후금과의 전투에서 명나라 군사는 거의 전멸하였고 조선군도 몇몇 장수가 죽었다. 강홍립은 군사를 이끌고 후금에 항복하였다. 그리고 사람을 보내 어쩔 수 없는 파병이었음을 알렸다. 후금은 조선에 사신을 보내 우호 관계를 맺자고 하였다.

"조선이 명나라를 도운 것은 예전의 의리 때문이니 후금은 조선에 아무런 원한이 없소."

그러나 조선 조정에서는 또 한바탕 난리가 났다.

"강홍립은 은혜를 모르는 자이옵니다. 당연히 죽음으로 죄 값을 치르게 해야 합니다."

"처자식도 모두 잡아다 처벌해야 합니다."

"후금의 국서를 찢어 버리고 사신의 목도 베셔야 합니다."

차갑게 가라앉은 목소리로 광해군이 단호하게 말하였다.

"경들의 눈에는 명나라가 기우는 것이 보이지 않소? 우리 군대도 후금과는 도저히 상대가 되지 않소. 이런 판국에 후금과 원수가 되면 이 나라와 백성이 어찌 될 것이라 생각하오?"

현실을 중시했던 북인 쪽 대신들은 광해군에게 힘을 실어 주었다. 하지만 의리와 명분을 목숨처럼 여기던 서인 쪽 대신들은 광해군을 점점 믿지 않게 되었다.

후금이 쳐들어오다

그리고 20년의 세월이 흘렀다.
 남루한 차림의 광해군은 평상시처럼 제주 바닷가에서 낚시를 드리우고 있었다. 그는 이미 조선의 왕이 아니었다. 14년 전, 광해군은 왕위에서 쫓겨났다. 동생 영창 대군을 죽이고 인목 대비를 궁에 가두는 잘못을 저지르고 명나라의 은혜를 저버렸다는 것이 이유였다. 광해군을 몰아낸 서인들은 인조를 새 왕으로 세웠다. 신하들이 또다시 왕을 끌어내리고 다른 왕을 세운 것이다. 광해군 편에 섰던 북인들은 죽음을 당하거나 조정에서 쫓겨났다. 명나라와 후금에 대한 조선의 태도도 하루아침에 완전히 바뀌었다. 조선은 결국 후금의 침입을 자초하고 말았다.
 관아의 군사들이 등 뒤에서 주고받는 말이 광해군의 귀에 들어왔다.
 "그게 정말이야? 작년에 후금 오랑캐의 왕에게 주상 전하께서 항복을 하셨다는 게?"
 "정말이고 말고. 사또께서 손님과 주고받는 말씀을 내 두 귀로 똑똑히 들었는걸!"
 "남한산성 밖에서 그 추운 겨울날 머리를 땅바닥에 소리가 나도록 부딪히셨다는군."
 광해군은 너무 놀라 자신의 귀를 의심하였다.

'결국, 후금과 전쟁을 하고 말았구나. 남쪽 끝 섬에 와 있으니 이렇게 가슴 아픈 나라 소식도 해를 넘겨 띄엄띄엄 듣게 되는구나. 후금에게 항복했다는 소식을 1년이 지난 지금에야 듣게 되다니…….'

시간을 거슬러 올라가 인조가 왕이 되고 3년째 되던 해에 후금의 누르하치가 죽고 그 아들 홍타이지가 왕위에 올라 태종이 되었다. 태종은 명나라의 숨통을 끊기 전에 조선의 항복을 받는 것이 먼저라고 생각하고 조선에 국서를 보냈다.

"조선은 후금에 네 가지 죄를 지었다. 누르하치께서 세상을 떠나셨는데 사신을 보내지도 않았고, 우리의 적인 명나라 장수 모문룡을 보호하고 있으며……."

서인들이 주도권을 쥐고 있던 조정에서는 오랑캐들의 건방진 태도를 나무랐다.

이듬해 겨울, 후금 군대는 얼어붙은 압록강을 건너 의주로 쳐들어왔다. 일찍이 노량 해전에서 이순신을 도와 명성을 떨쳤던 이완 장군이 맞서 싸웠지만, 턱없이 부족한 군사로 도저히 막아 낼 수가 없었다.

이완은 무기 창고에 불을 지르고는 불에 뛰어들어 자결하였다.

후금 군대는 물밀 듯이 쳐내려 왔다. 평양성이 함락되자 인조는 강화도로 피난을 떠났다. 조정 대신들은 후금과 화해를 하자는 편과 끝까지 싸우자는 편으로 나뉘어 맞섰다.

"어찌 전하께서 오랑캐 앞에 무릎을 꿇을 수 있단 말이오! 화해란 당치 않소."

"나라 체면만 찾다가 온 백성이 다 죽어도 좋단 말이오?"

옥신각신 끝에 결국 화해를 하자는 쪽으로 의견이 기울었다. 조선과 후금은 형제 나라가 되기로 하였고, 후금 군대는 물러갔다.

병자년의 치욕

후금은 나날이 강성해졌다. 명나라를 무너뜨릴 기회를 호시탐탐 노리면서 조선에게 군량과 병선을 마련해 보내라고 위협하는가 하면, 형제 나라를 넘어서 조선이 신하의 나라가 되어 후금을 임금으로 섬길 것을 요구하였다.

조선 조정에서 이를 받아들일 리가 없었다. 후금 태종의 국서를 가지고 온 사신 용골대가 화가 나서 돌아가 버렸다. 후금과 맞서 싸워야 한다고

115

주장하는 사람들의 제일 앞에는 예조 판서 김상헌이 있었다. 이들을 최명길 등이 설득하였다.

"전쟁을 막지 못하면 이 나라는 다시 황폐해질 뿐이오. 평화의 사신을 후금으로 보내고, 그 쪽의 사정을 알아보는 편이 좋겠소."

조선 조정이 확실한 대책을 세우지 못하는 동안 나라 이름을 청으로 고친 후금이 병자년, 1636년에 10만 대군을 이끌고 다시 조선에 쳐들어왔다. 그들은 의주를 지나지 않고 곧바로 남쪽의 한성을 향해 진격하였다. 의주의 백마산성에는 호랑이 같은 명장 임경업이 철통같이 버티고 있었기 때문이다. 임경업만 믿고 있었던 왕과 대신들은 당황했지만 때는 이미 늦었다. 청나라 군사들이 한성 근처까지 밀려오자 인조는 강화도로 가려고 하였으나, 길목이 막혀 남한산성으로 몸을 피할 수밖에 없었다.

인조가 물었다.

"지금 성 안에는 군사가 얼마나 있느냐?"

"1만 2000명이 있고 식량은 50일을 버틸 수 있을 정도입니다. 곧 여러 곳에서 원군이 도착할 것이옵니다."

그러나 충청도 관찰사 정세규가 이끌고 온 원군이 청나라군에게 패하여 흩어지자

삼전도비
인조의 항복을 받은 청나라 태종이 세운 기념비이다. 한문과 몽골문으로 청나라 군대가 출병한 이유, 조선이 항복한 사실, 항복을 받은 뒤 청 태종이 피해를 끼치지 않고 곧장 돌아갔다는 내용을 적었다. 현재 서울 송파구 석촌동에 있다.

성 안의 관군도 싸울 의지를 잃었다.
 그러는 와중에도 싸우자는 사람들과 화해해야 한다는 사람들이 팽팽하게 맞섰다. 김상헌이 최명길을 쏘아보며 소리를 높였다.
 "이조 판서 최명길은 오랑캐에 빌붙어 살아남으려는 간신배입니다."
 최명길이 답답하다는 듯 말하였다.
 "그대는 현실을 무시하고 껍질뿐인 명분을 따라가다가 나라를 망칠 셈인가."
 서로를 노려보는 두 사람의 눈에서는 불꽃이 튀었다.
 드디어 청나라 태종이 싸움터에 도착하여 직접 지휘하기 시작하였다. 일이 다급해지자 최명길 등이 화해 교섭에 나섰다. 청나라 태종의 요구는 조선으로서는 기막힌 것이었다.
 "조선의 왕이 직접 성문 밖으로 나와 머리를 조아리며 항복하라. 우리와 싸울 것을 주장한 대신을 넘겨주면 화해를 하겠다."
 만백성의 어버이, 조선의 하늘인 국왕이 오랑캐에게 머리를 숙이며 항복을 해야 한다는 사실은 너무나 굴욕적이었다. 그러나 강화도가 함락되었다는 소식을 듣고는 더 이상 버틸 수가 없었다. 강화도에 왕실 가족과 다른 대신들이 모두 피난가 있었던 것이다.
 드디어 1월 30일. 살을 에는 듯한 한겨울 북풍을 맞으며 인조는 500여 명의 군사가 호위하는 가운데 남한산성의 성문을 나섰다. 왕은 가장 낮은 계급의 군인이 입는 푸른색 철릭을 걸치고 있었다. 청나라 태종은 황금색 장막이 드리워진 9층 단상 위에 앉아 인조를 발아래로 내려다보았다.
 두 나라의 신하들이 지켜보는 가운데 인조는 항복의 예를 올렸다. 맨바닥에 엎드려 세 번 절하고 아홉 번 머리를 숙였다. 여기저기서 낮게 흐느껴 우는 소리가 들렸다. 역사상 가장 치욕스러운 항복이었다.

이 소식을 들은 임경업 장군은 땅을 치면서 원통해했다. 청나라 군대가 자신을 피해 갔다는 소식을 듣고 거꾸로 청나라로 쳐들어갈 계략을 세우고 있었는데, 어찌 손을 써 볼 틈도 없이 항복 소식을 들었기 때문이었다.

청나라로 끌려간 사람들

청나라 군대는 물러갔다. 인조의 맏아들 소현 세자와 둘째 아들 봉림 대군이 볼모로 끌려가고 홍익한, 윤집, 오달제 세 사람이 청나라와 싸울 것을 주장한 죄로 잡혀갔다. 세 사람은 갖은 고문과 회유에도 뜻을 굽히지 않다가 죽음을 당하였다.

얼마 후 영의정 최명길도 청나라로 끌려갔다. 명나라와 몰래 소식을 주고받았다는 죄목이었다.

"네가 명나라와 내통한 것이 사실이냐?"

청나라 태종 앞에서 심문을 받게 된 최명길은 당당히 말하였다.

"그렇소. 조선의 서해안 방어가 허술하여 그것을 튼튼히 할 방법을 찾다가 그랬소."

"누구와 꾸민 일이냐?"

"영의정인 나와 임경업 장군이 했소. 내가 영의정이니 나에게만 벌을 주면 될 것이오."

최명길은 옥에 갇혔다. 김상헌도 이미 청나라로 붙잡혀 와 있었다. 벼슬에서 쫓겨나 있던 김상헌은 명나라를 치는 데 필요한 군사를 보내라는 청나라의 요구를 받아들여서는 안 된다는 상소를 올렸다가 끌려오는 신세가 된 것이다. 김상헌은 다시는 돌아오지 못할 수도 있다는 착잡한 마음으로 시조를 지어 읊었다.

가노라 삼각산아 다시 보자 한강수야
고국 산천을 떠나고자 하랴마는
시절이 하수상하니 올동말동하여라.

"아니, 대감이 여긴 어인 일로?"
최명길과 김상헌이 서로를 보고 깜짝 놀랐다. 그들은 지난날을 떠올렸다.
남한산성에서 최명길이 항복의 편지를 쓰고 있을 때, 이를 본 김상헌이 화를 내며 편지를 북북 찢었다.
"어찌 선비로서 이렇게 비굴한 일을 할 수 있단 말이오?"
최명길은 흩어진 편지 조각을 주워 맞추면서 뜻을 굽히지 않았다.
"대감은 찢으시오. 나는 주워 맞추리다."
그러던 두 사람이 멀고 먼 청나라에서 벽 하나를 사이에 두고 옥에 갇히는 신세가 되었다. 서로 끌려 나가 죽을 고초를 겪는 모습을 지켜보면서 오랫동안 품고 있던 원망의 마음이 서서히 사그라졌다. 비록 생각은 달랐지만 나라를 위하는 마음에는 다를 바가 없었다는 것을 깨달았기 때문이다.
최명길이 시를 지어 자신의 마음을 풀어 놓았다.

그대 마음은 차돌 같아서 끝끝내 돌리기 어렵고,
내가 가는 길은 둥근 고리 같아서
옳다고 믿는 대로 따라서 돌아간다오.

김상헌도 자신의 마음을 시에 담았다.

성공과 실패는 하늘의 뜻에 달린 것이니,
모름지기 의리로 돌아가야 하겠네.
아침과 저녁을 뒤집을 수 있을망정,
윗옷과 아래옷을 바꿔 입을 수는 없는 일이라네.

얼마 뒤 두 사람은 감옥에서 풀려나 조선으로 돌아왔다. 그러나 두 차례의 호란을 치르면서 포로로 끌려간 수많은 백성은 돌아오지 못하였다. 청나라 군사들은 조선 사람들의 몸값을 받고 풀어 주었다. 그래서 돈벌 속셈으로 포로를 잡아가느라 난리였다. 특히 비싼 몸값을 받을 수 있는 양반들을 남녀를 가리지 않고 잡아갔다. 전쟁이 끝난 뒤 몸값을 바치고 풀려난 숫자가 무려 수십만 명이나 되었다고 하니, 얼마나 많은 사람이 먼 이국땅에 끌려간 것일까? 몸값을 치르고 돌아온 사람보다 돌아오지 못한 사람들이 몇 배는 더 많았을 텐데…….

풀려나 돌아왔어도 남자와 여자는 아주 다른 대접을 받았다. 남자는 환영을 받았지만 여자는 절개를 잃었다면서 집안에 들이지도 않았다. 양반 가문의 여자들은 더욱 혹독한 대접을 받았다. 시집 대문에 매달려 울다가 죽은 여자, 목을 맨 여자, 추운 겨울에 얼어 죽은 여자가 수없이 많았다.

병자호란을 치른 뒤, 조선의 자존심은 땅에 떨어졌다. 오랑캐라고 업신여기던 청나라를 억지로라도 섬겨야 하는 현실은 조선 사람들, 특히 양반 지식층에게는 세상이 뒤집히는 충격이었다. 그 뒤로 100여 년이 흘러 청나라에 대한 생각이 서서히 바뀌고, 청의 장점을 배우자는 북학 움직임이 일어날 때까지 그 누구도 청나라의 문물을 입에 올리지 않았다.

효종의 꿈, 북벌

인조가 굴욕적인 항복의 예를 행한 뒤 9일째 되던 날, 소현 세자는 부인과 동생 봉림 대군 부부 그리고 몇몇 대신과 함께 청나라로 떠났다.

"청이 어떤 나라인지 내 똑똑히 보고 오리라."

소현 세자는 마음을 굳게 먹었다. 꽁꽁 얼어붙은 겨울, 청나라의 심양은 더욱 매서운 추위로 사람의 마음까지 얼어붙게 하였다. 소현 세자는 살얼음 위를 걸어가듯 청나라와 조선의 사이가 틀어지지 않도록 하려고 조심하였다.

소현 세자가 청나라로 끌려온 지 7년째 되던 해, 드디어 명나라가 무너졌다. 소현 세자는 조선이 그토록 믿고 의지하던 명나라가 후금의 위력 앞에 무너져 내리는 것을 똑똑히 지켜보았다.

'청나라를 오랑캐라고 마냥 멸시만 해서는 안 되겠구나. 만만치 않은 문화와 힘을 가진 나라라는 것을 명심해야지.'

소현 세자는 청나라의 수도 북경에 갔다가 독일인 신부 아담 샬을 만났다. 아담 샬은 소현 세자에게 천주교와 서양의 과학을 소개해 주고, 천문학 책과 지구의 등을 선물로 주었다.

"대단하구나. 정말 대단해!"

소현 세자는 큰 충격을 받았다. 자신이 모르고 있던 전혀 다른 세계가 지구 반대편에 있었던 것이다.

"조선 사람들도 이 세계를 알아야만 해. 그래야 청나라에 맞설 수 있는 힘이 생길 거야. 나중에 내가 왕이 되면 이 사실들을 차근차근 알려야겠다."

명나라를 무너뜨린 청나라는 소현 세자와 봉림 대군을 조선으로 돌려보냈다. 귀국하는 소현 세자의 짐 꾸러미에는 서양 물건과 천주교에 관한 한문책, 지구의, 자명종 등이 들어 있었다.

하지만 인조는 이런 세자를 꾸짖었다.

"뭐라고? 오랑캐의 나라 청을 통해서 서양 문물을 들여온다고? 네가 정녕 아비의 치욕을 잊었더란 말이냐!"

인조뿐이 아니었다. 많은 조선 사람은 청나라에 대한 적대감과 원한이 뼛속 깊이 사무쳐 있었다. 조선에 돌아온 소현 세자는 두 달 만에 갑자기 죽었다. 까닭을 알 수 없는 의문투성이 죽음이었다. 소현 세자를 미워한 인조가 아들을 독살했다는 소문이 돌 정도였다.

인조가 세상을 떠나고 그 뒤를 이은 효종은 소현 세자의 동생 봉림 대군이었다.

'아바마마의 한을 꼭 갚고야 말겠다.'

그는 북벌의 꿈을 품고 왕이 되었다. 효종은 볼모로 가 있으면서 형 소현 세자와 달리 청나라에 대한 반감을 키웠다. 효종은 막강한 군사력을 길러 청나라에게 복수하고 치욕을 씻어야 겠다고 결심했다. 그런 효종을 송시열과 송준길 등 서인들이 뒷받침했다.

'누가 북벌을 지휘할 수 있을까? 누가 이 어마어마한 일을 책임지고 추진할 수 있을까?'

효종은 골똘히 생각하였다. 그리고 어느 날 밤 갑자기 무신들을 대궐로 불러들였다.

"지금 곧 입궐하라는 어명이오."

무신들이 부랴부랴 대궐로 달려갔다. 그들이 대궐 문을 들어서자마자 갑자기 사방에서 화살이 비처럼 쏟아졌다.

"앗!"

"으악!"

많은 무신이 비명을 지르며 쓰러지거나 도망쳤지만, 이완은 놀라지 않고 태연히 걸어 들어와 왕 앞에 머리를 조아렸다.

"전하, 이 깊은 밤에 어인 분부시옵니까?"

"경은 놀라지 않았소?"

"무슨 일인가 싶어 갑옷을 입고 입궐하였기 때문에 별로 놀라지 않았사옵니다."

효종은 다음 날 믿음직한 이완을 훈련 대장에 임명하고 북벌 준비를 맡겼다. 이완은 조선 군사들을 매섭게 훈련시켰다. 특히 조총 부대를 기르는 데 힘썼다. 박연(벨테브레)이 명나라에서 수입한 홍이포 제작법과 조종법을 가르쳤다. 이 무렵 남쪽으로 힘을 뻗쳐 오는 러시아 때문에 골머리를 앓던 청나라가 조선에 도움을 요청해 왔다. 군사를 보내라는 것이었다. 약 200명의 조총 부대는 러시아와 싸워 당당히 이기고 돌아왔다. 이를 '나선 정벌'이라고 한다.
  자신감을 얻은 효종은 북벌에 박차를 가하였다. 산성을 보수하고 무기를 만들었다. 청나라가 의심의 눈초리를 보내면 적당히 둘러대면서 마음속으로 복수를 별렀다. 그러나 북벌의 기회는 좀처럼 오지 않았다. 청나라의 세력이 시간이 흐를수록 강해졌기 때문이다.
  북벌을 준비한 지 10년. 효종은 이제 청나라를 공격할 때가 되었다고 생각했다. 그런데 갑자기 몸 여기저기에 종기가 생기더니 끝내 일어나지 못하였다. 이완에게 급히 대궐로 들어오라는 전갈이 날아들었다. 그는 가슴이 철렁했다. 뭔가 불길한 느낌이 들었다.
  "이완 장군, 참으로 원통하오. 내가 없더라도 반, 반드시 북벌을……."
  효종은 눈을 감았다. 효종이 세상을 떠나면서 북벌 계획도 물거품이 되었다.

네덜란드 사람, 벨테브레와 하멜

칠흑 같은 밤, 제주도 앞바다에 폭풍이 휘몰아쳤다. 성난 파도 위로 작은 범선 하나가 가랑잎처럼 흔들리며 떠다니고 있었다.

"아악! 사람 살려~"

"여기서 고기밥이 될 수는 없어요."

"아~ 하느님 살려 주세요!"

엄청난 파도와 함께 배는 가라앉고 말았다.

날이 밝았다. 바닷가에는 간신히 목숨을 건진 사람들이 여기저기 쓰러져 있었다. 모두 36명이었다. 이들은 흰 피부에 파란 눈 그리고 갈색의 곱슬머리를 가진 네덜란드 상인들이었다. 몇 달 전 네덜란드를 떠나 인도네시아, 타이완을 거쳐 일본의 나가사키 항구로 가는 길에 폭풍을 만났다. 이들을 발견한 제주 백성이 관아에 알렸다.

"이상한 사람 수십 명이 바닷가에 쓰러져 있어요."

며칠 뒤 제주 목사 이원진이 이들을 만났다. 손짓 발짓으로 이야기를 나누던 목사는 머물 집과 먹을 것을 마련해 주라고 일렀다. 네덜란드 상인 중에는 핸드릭 하멜도 있었다.

두 달 뒤, 이들 앞에 조선 옷을 입고 키가 큰, 노란빛 수염을 가슴까지 기른 사람이 나타났다. 하멜 일행의 두 눈은 휘둥그레졌다.

"나는 얀 야스 벨테브레입니다. 조선 이름으로는 박연이라고 하지요. 네덜란드 리프에서 태어나 일본으로 가다가 폭풍에 밀려 조선으로 떠내려 왔다오. 나는 조선 여인과 결혼해서 아들딸을 낳고 살고 있으며, 지금은 훈련도감의 군인이라오."

그리고 하멜 일행은 효종을 만났다. 벨테브레가 통역을 맡았다.

"제발 저희가 일본으로 갈 수 있도록 해 주십시오. 고향으로 가고 싶습니다."

〈하멜표류기〉
네덜란드 인 헨드릭 하멜이 조선에서의 억류 생활을 기록한 책. 한국을 유럽에 소개한 최초의 문헌이다. 사진은 1920년대에 출간된 책이다.

사정사정 했지만 효종은 들어주지 않았다. 대신 잔치를 베풀고 한복을 두 벌씩 나눠 주었다. 그리고 벨테브레처럼 훈련도감에서 일하라고 지시하였다.

얼마 뒤 일행 가운데 몇몇이 큰 잘못을 저질러 전라도 해안가로 귀양을 갔다. 힘들고 괴로운 귀양살이를 10년 정도 했을 무렵, 하멜을 비롯한 8명이 배 한 척을 구해서 조선을 탈출하였다. 그러고는 일본을 거쳐서 네덜란드로 돌아갔다.

핸드릭 하멜은 조선에서 겪은 일을 책으로 썼다. 〈하멜표류기〉는 네덜란드 암스테르담에서 출간된 뒤 많은 사람에게 읽혔다. 벨테브레는 조선인 박연으로 살다가 조선에서 생을 마쳤다.

세계 속의 한국

하멜의 눈에 비친 조선

1666년 하멜 일행은 조선을 탈출해서 일본의 나가사키로 갔다. 조선에서 생활한 지 13년 28일 만이었다. 그들은 왜 목숨을 걸고 일본으로 갔을까? 하멜이 네덜란드로 돌아간 뒤 기록한 조선의 이야기에 유럽인들은 왜 그토록 관심을 가졌을까? 하멜이라는 이방인의 눈에 비친 17세기 조선 사람들의 삶을 살짝 엿보기로 하자.

기자 하멜 씨, 당신은 어떻게 해서 조선에 오게 되었나요?

하멜 그러니까 그 때가 1653년 8월 15일 밤이었소. 네덜란드의 무역 회사인 동인도회사 직원이던 우리는 네덜란드를 떠나 인도네시아와 대만을 거쳐 일본 나가사키로 가고 있었소. 우리가 타고 있던 스페르베르 호에는 향신료와 설탕, 동물 가죽 등 무역품이 가득 실려 있었다오. 그런데 그날 밤 뜻하진 않게 풍랑을 만나 배가 가라앉고 말았소. 다음 날 눈을 떠보니 제주도 바닷가였소.

기자 그렇게 해서 조선에서의 생활이 시작된 거군요. 그런데 왜 탈출하신 뒤 조선에서 겪은 이야기를 책으로 펴내신 거죠?

하멜 내가 조선에서 머문 13년 동안 동인도회사에 밀린 임금이 얼마겠소? 나는 내 임금을 회사에 청구하려고 보고서를 쓴 것이라오. 그런데 이 책이 1668년 암스테르담에서 책으로 출간되었다고 들었소. 나도 그렇게까지 선풍적인 인기를 끌 줄은 몰랐다오.

기자 그 때까지 유럽에 조선이라는 나라가 전혀 알려지지 않았기 때문이 아닐까요? 당시 조선의 모습 가운데 가장 기억에 남는 이야기 좀 들려주시죠?

하멜 나는 무엇보다도 조선 사람들이 쓰던 문자에 큰 감명을 받았다오. 중국과 일본 글자와 비슷한 문자가 있었는데, 양반들이 보는 모든 책은 그 글자로 되어 있었지요. 그리고 네덜란드의 필기체처럼 쓰는 문자도 있었소. 백성들의 문자는 아주 배우기 쉽고 어떤 소리든지 소리 나는 대로 쓸 수 있었다오.

기자 말씀하신 첫 번째 문자는 한문이고, 두 번째 문자는 이두이고, 세 번째 문자는 세종 대왕께서 만드신 한글이랍니다. 세계에서 가장 과학적인 글자라고 하지요. 지금도 사용하고 있는 자랑스러운 문화유산이랍니다.

하멜 조선 사람들은 참 인심도 좋았어요. 여행하는 사람이 길을 가다가 날이 저물면 어느 집이든지 들어가 잠을 청할 수 있었으니까요. 자기가 먹을 쌀을 내놓으면 집주인은 밥을 지어 반찬과 함께 상을 차려 여행자를 대접까지 해 주었다오.

기자 그렇군요. 〈하멜 표류기〉에는 백성들이 매우 가난하게 살았다는 기록들이 보이는데, 실제로도 백성들이 그렇게 어렵게 살았나요?

하멜 세금을 내지 못해 어려움을 겪는 백성이 많았던 것 같소. 나라에 제때 세금을 내지 못한 사람은 매달 두세 번 정강이뼈를 맞는데, 밀린 세금을 다 낼 때까지 계속되었다오.

기자 세금 때문에 어려움을 겪는 일은 어느 나라나 마찬가지였나 봅니다. 다른 나라의 역사책을 읽어 보면 비슷한 이야기가 많이 나오던 걸요?

하멜 지금 생각해 보면 조선에서 힘들었던 기억 때문에 조금 과장해서 쓴 부분도 있는 것 같소. 하지만 이방인의 눈에 비친 과거의 모습을 보는 것도 역사를 공부하는 재미있고 중요한 방법인 것 같군요.

기자 하멜 씨의 눈으로 본 조선의 모습이 아주 신기하고 흥미로웠어요. 감사합니다.

저자와의 인터뷰

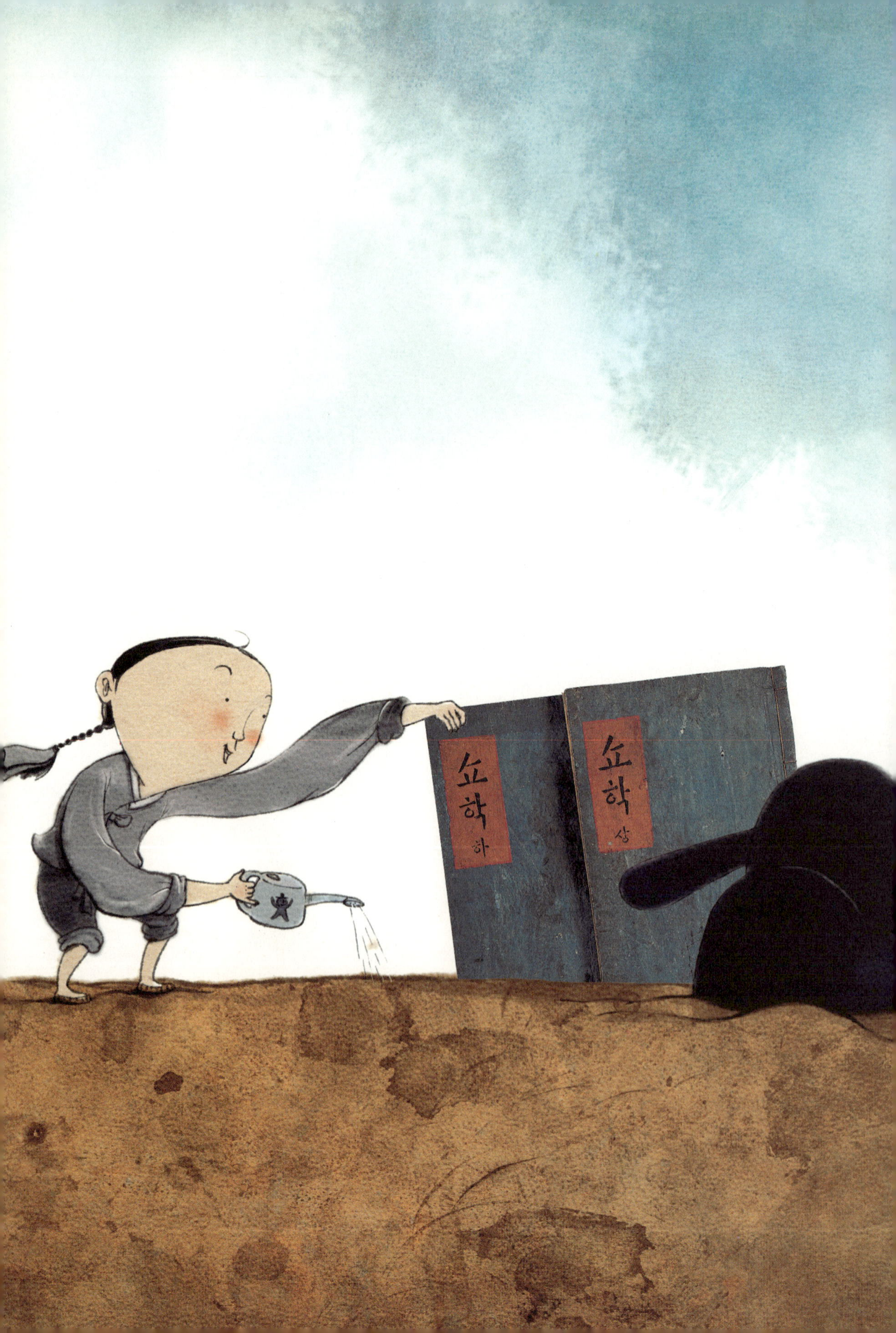

쇼학 하
쇼학 상

조선의 향촌 마을 3

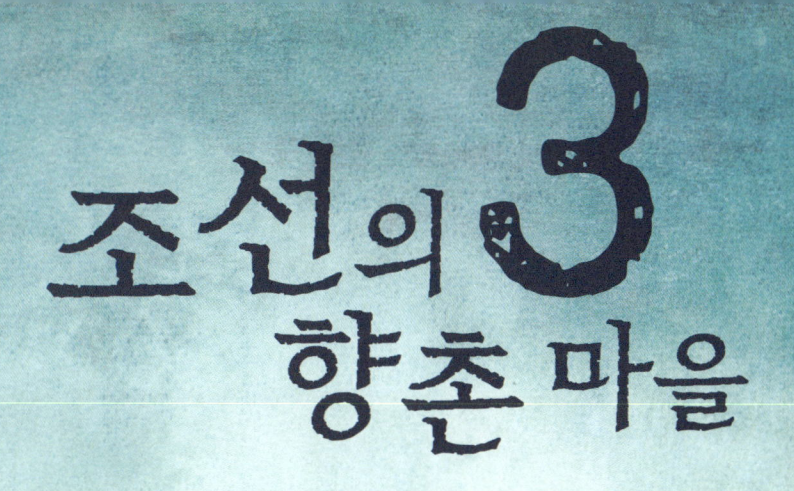

1517년 여씨 향약을 8도에 시행하다.
1543년 주세붕이 풍기에 백운동 서원을 세우다.
1550년 명종이 백운동 서원에 '소수 서원'이라는 편액을 내리다.
1574년 안동에 도산 서원이 세워지다.
1586년 〈소학〉을 한글로 번역한 〈소학언해〉가 처음으로 간행되다.

고즈넉한 조선의 향촌 마을

둥그렇게 솟은 산에 기대어 맑은 개울을 곁에 두고,

너른 들판을 품에 안은 아름다운 마을.

위엄 가득한 기와집 사랑채에서 선비의 글 읽는 소리와

두레 깃발 아래 일하는 농부들의 땀방울로

날이 새고 해가 지는 마을.

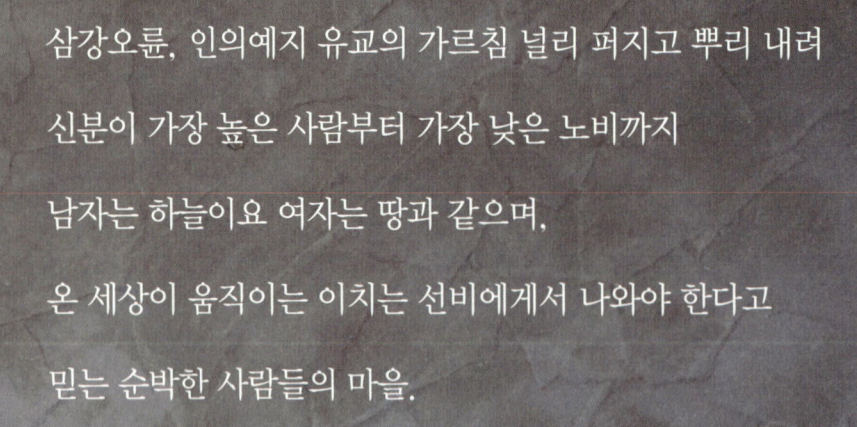

삼강오륜, 인의예지 유교의 가르침 널리 퍼지고 뿌리 내려

신분이 가장 높은 사람부터 가장 낮은 노비까지

남자는 하늘이요 여자는 땅과 같으며,

온 세상이 움직이는 이치는 선비에게서 나와야 한다고

믿는 순박한 사람들의 마을.

그래도

공자 · 맹자 · 주자 · 유교 성현의 가르침만이 최고는 아니라오.

사람들의 마음속에는

자비로운 부처님도 살아계시고,

까마득히 오랜 옛날부터 함께 살아온 산천의 수호신도 있다네.

고단하고 힘든 사람, 병들어 아픈 사람

산속 절집으로 부처님을 찾아가 지친 마음 위로 받고

당골 할멈 신명 나는 춤사위 속에

이승에서 복 받고 저승 편히 가고 싶은 마음

두 손 모아 간절히 기원드리네.

선비가 꿈꾸는
아름다운 세상

관가정의 아침

희미하게 빛나던 초승달이 서쪽 하늘로 질 무렵, 세상을 깨우는 닭 울음소리가 멀리 퍼져 나갔다. 닭이 두어 번 더 홰를 칠 즈음, 푸른 어두움이 물러나면서 하얗게 아침 안개가 피어올랐다. 안개를 살짝 머금은 마을 모습이 한 폭의 수묵화처럼 아름다웠다. 낮은 산자락에 푸근히 안긴 둥근 지붕 초가집들이 이마를 마주 대고, 야트막한 산등성이에는 기와집들이 마을을 내려다보며 서 있었다. 검푸른 숲이 병풍처럼 기와집을 둘러싸고 있어 위엄을 더했다.

마을의 가장 높은 곳에 있는 기와집은 이곳에서 오랫동안 뿌리를 내리고 살아온 양반 손 대감 댁이었다. 높다랗게 지어진 사랑채 누마루에 올라서면 담장 밖 마을 들판에서 일하는 농부들까지 내려다보였다. 사랑채 이름은 관가정.

관가정 안에서는 첫 새벽부터 책 읽는 소리가 낮게 흘러나왔다.

"아버지는 내 몸을 낳으시고, 어머니는 내 몸을 기르셨다. …… 은혜는 높기가 하늘과 같으시고, 덕은 두텁기가 땅과 같으시니 사람의 자식 된 자가 어찌 효도를 다하지 않겠는가?"

집주인 손 대감은 아침마다 〈소학〉을 읽는 일로 하루를 시작하였다. 몸가짐과 마음가짐을 가다듬기 위해서였다. 오후가 되자 관가정은 손님들의 웃음소리로 가득하였다. 손 대감이 벼슬이 더 높아져 곧 한성으로 떠나게 되었다는 소식을 듣고 근처의 벗들이 축하 인사를 하러 찾아왔다.

손 대감은 찾아오는 손님을 예의를 다해 맞았다.

"축하하네. 부디 백성을 위해 더욱 훌륭한 정치를 펴시게."

평소 가까이 지내던 이 진사의 인사에 손 대감이 대답하였다.

"우리 마을을 잘 이끌어 줄 것이라 믿고 떠나네."

"알겠네. 당연히 그리 해야지."

두 사람은 마주 보고 환하게 웃었다.

손 대감이 조카를 불렀다.

"이리 와서 인사를 드리거라."

"제 누이의 아들입니다. 이번 문과에 합격하고, 고을 향교에서 학생들을 가르치게 되었답니다."

"역시 이름난 가문의 자손은 어디가 달라도 다르군요."

손님들이 입을 모아 칭찬을 하자 젊은 선비가 공손하게 대답하였다.

"이 모두가 저를 가르쳐 주신 외숙부님의 은혜입니다."

손 대감은 흐뭇한 미소를 지으며 고개를 끄덕였다. 손 대감은 자신의 집에서 태어나고 자란 총명한 조카를 무척 아꼈다. 직접 글을 가르치며

관가정
중종 때 청렴한 신하였던 손중돈의 옛 집에 있는 사랑채이다. 경상북도 경주시 양동면에 있다.
손중돈에게서 글을 배운 조카가 바로 중종 때의 유명한 학자 이언적이다.
(3장에 등장하는 이 진사와 그 가족들은 당시 상황을 토대로 재구성한 인물임을 밝혀 둔다)

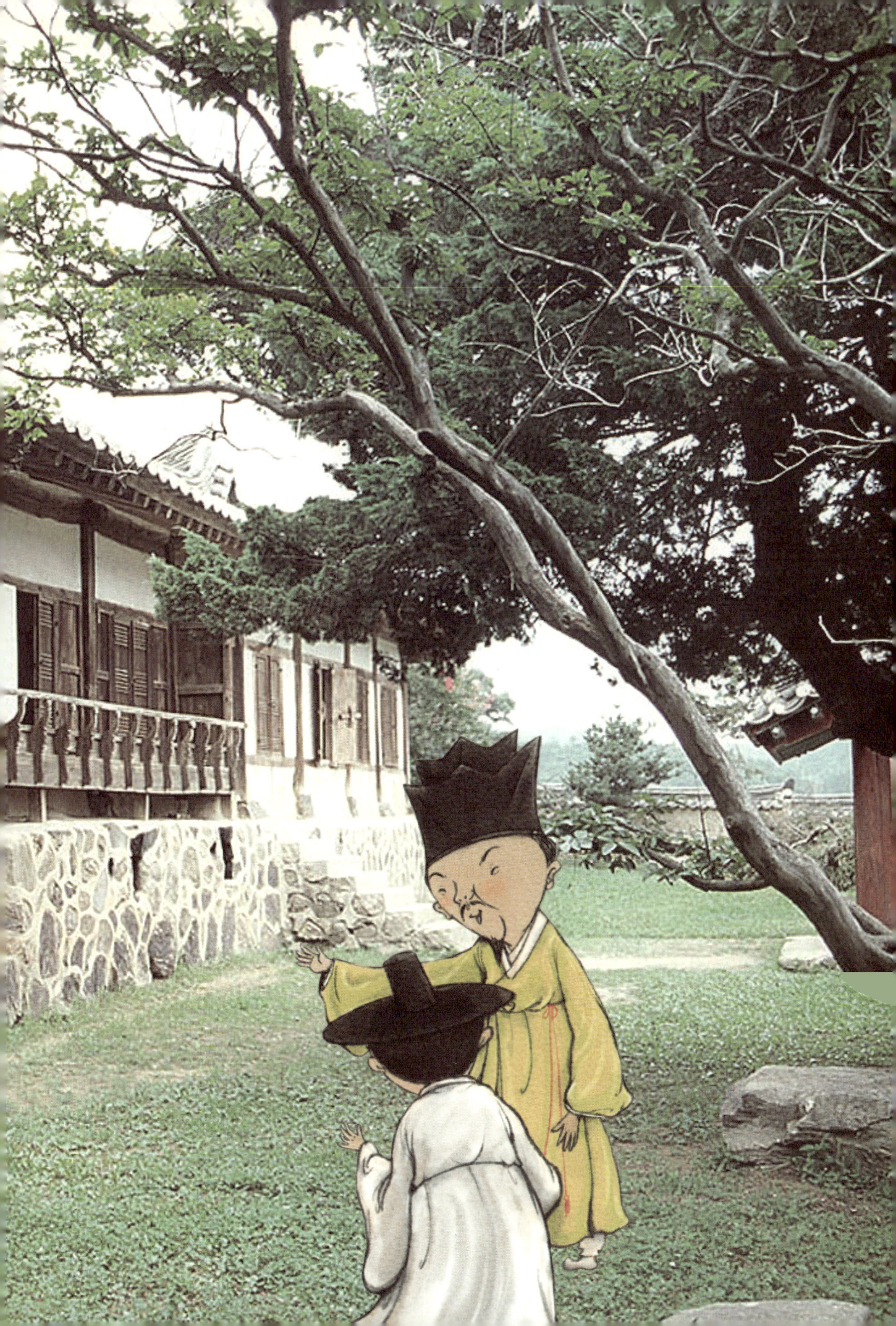

선비의 도리를 몸에 익히도록 하였다.

조용히 관가정에서 나온 젊은 선비는 자신의 집으로 발걸음을 옮겼다. 선비의 집은 손 대감과 같은 동네에 있었다. 선비의 아버지가 처가가 있는 이곳에 자리 잡고 살았기에 선비는 이 동네에서 자랐다. 이 무렵에는 양반 사대부가 장가들어 처가 근처에 자리 잡는 일이 그리 드물지 않았다.

고을 양반들의 회의

아침 일찍 양반들의 회의인 향회가 열렸다. 봄·가을로 1년에 두 번 정도 열리는 향회에서는 마을의 여러 가지 일을 결정했다. 오늘은 늙은 아버지를 때린 농부를 어떻게 할 것인지부터 의논하였다.

"우리 고을 향약에 따르면, 그런 자는 거꾸로 매달아 호되게 매를 쳐야 합니다."

이 진사가 목소리를 높이자 곁에 있던 사람이 맞장구를 쳤다.

"어찌 자식이 부모를 때릴 수 있단 말이오. 아름다운 풍속을 해치는 그런 자를 용서해서는 안 되오."

양반들은 의논한 끝에 회초리로 맞는 벌을 내리기로 했다. 같은 잘못을 또 저지르면 고을에서 영영 쫓겨나게 될 수도

향안
지역 양반들의 명단을 적은 목록이다. 향안에 이름이 올라야 향회에 참석할 수 있다. 사진은 선조 말 무렵의 경상남도 함양 지방 향안이다.

있었다. 죄지은 사람을 다스리는 국법도 엄했지만, 고을마다 정해져 있는 향약이 더 무서웠다.

향약은 좋은 일은 서로 권하고, 잘못한 일은 서로 고쳐 주며, 좋은 풍속을 서로 나누고, 어려운 일을 서로 돕기 위해서 양반들이 앞장서서 만든 약속이다. 농민은 물론 노비와 같은 천한 사람들도 양반들이 이끄는 대로 향약을 지키며 살아야 했다.

학창의
덕망 있는 선비가 입던 옷이다. 학과 같이 고결하고 숭고함을 상징한다.

"향약을 잘 따르면 아름다운 유교 도덕이 우리 고을에 활짝 피게 될 겁니다."

"백성들 모두가 향약을 잘 따를 수 있도록 우리 양반들이 지켜봅시다."

한 선비가 갑자기 생각났다는 듯이 말을 꺼냈다.

"혹시 이야기 들으셨습니까?"

"무슨 이야기 말이오?"

"안동 고을 향리들이 부모가 세상을 떠난 뒤 3년 동안 상복을 입게 해 달라고 관아에 청을 했다지 뭡니까?"

"아니, 중인 신분인 향리 주제에 100일이면 되었지, 양반하고 똑같이 3년 동안 상복을 입겠다니……."

"어림도 없는 일이오!"

양반들은 이 고을 향리들이 같은 청을 한다면 절대로 들어주어서는 안 된다는 의견을 사또에게 전하기로 하였다. 또한 사또가 세금을 제대로 걷을 수 있도록 도와주는 대신, 고을을 다스리는 데 양반들의 의견을 많이 들어 달라는 청도 함께 올리기로 하였다.

"유교의 가르침에 따라 부모상을 치르는 것은 좋지만, 지체 높은 양반과 향리 나부랭이가 같은 예에 따를 수는 없는 법이지……."

이 진사가 혼잣말로 중얼거렸다.

향회에서 양반들은 굶주리는 농민들을 도울 수 있는 방법도 의논하였다. 농민들이 안심하고 살아갈 수 있어야 양반들도 위엄을 지키며 고을을 호령할 수 있었다. 마지막으로 양반들은 다음 달에 향음주례를 열기로 하였다. 나이 많고 덕이 있는 어른들을 모시고 겸손한 자세를 지키며 예법에 따라 술을 마시는 잔치였다. 향음주례에는 고을 양반들만 참석할 수 있었다. 이 진사는 이번 향음주례가 정말 기대되었다.

'이번에는 석이와 함께 참석할 수 있겠지?'

이 진사의 장남 석이 도령은 열다섯 살이 되어 얼마 전 어른이 되는 관례 의식을 치렀고 혼인을 앞두고 있다.

이 진사는 집을 향하여 가벼운 발걸음을 재촉하였다.

임금님이 이름을 내리신 소수 서원

경상도 풍기에 있는 백운동 서원이 이른 아침부터 많은 사람으로 붐볐다. 여러 무리의 양반과 선비가 서원으로 들어가는 징검다리 위를 건너고 있었다. 돌다리 아래로 맑은 죽계천이 돌돌돌 노래하듯 흘렀다. 따스한 햇살 아래 꽃들이 활짝 피어 있고 비취빛 나뭇잎은 바람에 살랑거렸다.

"임금님께서 우리 서원에 이름을 내려 주신다니……."

옥색 도포 자락을 휘날리며 걷던 선비가 말하였다.

"임금님께서 친히 서원 이름을 지으신 뒤 직접 글씨까지 써서 내려 주셨습니다. 정말 큰 경사가 아닐 수 없지요. 조선 최초로 임금님께서 직접 이름을 내려주신 서원이 될 테니까요."

잘 다듬은 턱수염을 슬쩍 쓰다듬으며 다른 선비가 대답하였다.

두 사람은 돌다리를 건너 겸령정 앞을 지나 강학당 앞뜰에 이르렀다. 평상시에 선비들이 모여 공부하고 학문을 토론하는 강학당 건물이 오늘따라 훨씬 크고 웅장해 보였다. 벌써 많은 사람이 모여서 임금님께서 내리신 이름을 새긴 현판이 도착하기를 기다리고 있었다.

이 고을 풍기의 수령, 이황이 말하였다.

"임금님께서 우리 서원에 책도 많이 내리셨습니다. 우리 서원의 토지에서는 세금을 내지 않도록 해 주셨습니다."

백운동 서원을 처음 세운 사람은 7년 전 풍기 군수를 지낸 주세붕이다. 주세붕은 중국의 서원을 본떠 조선에 처음으로 서원을 세우고, 안향 선생을 기리는 제사를 지냈다. 게다가 고을 선비들이 모여 학문을 연구할 수 있도록 건물도 짓고 책을 모았다.

풍기 군수로 온 이황은 백운동 서원을 둘러본 뒤, 정말 유교의 가르침에 따르는 나라가 되려면 선비들이 모여 공부하는 서원이 많이 생겨야 한다고 생각하였다. 이황은 백운동 서원에 새 이름과 책을 내려 줄 것을 명종 임금께 청해 올렸다.
 드디어 현판이 도착하였다. 사람들이 임금님이 계신 곳을 향해 큰절을 올렸다. 현판에는 '소수 서원'이라고 적혀 있었다. 모여 있는 선비들이 기뻐하며 말하였다.
 "열심히 공부하여 선비들의 마음과 몸가짐을 바로 하라는 뜻이 아니겠소?"
 "백성들을 깨우쳐 유교의 가르침에 따라 살도록 이끄는 것도 우리 선비들이 해야 할 일이라오."
 여기저기서 선비들이 맞장구쳤다.
 소수 서원의 뒤를 이어 유성

소수 서원
풍기 군수를 지낸 주세붕이 세운 우리나라 최초의 서원으로 처음 이름은 백운동 서원이었다. 뒷날 이황이 조정에 청을 올려 사액 서원이 되면서 소수 서원이라는 이름을 새로 받았다.

룡을 기리는 병산 서원, 조광조를 기리는 심곡 서원을 비롯해 조선 곳곳에 수백 개의 서원이 생겨났다. 나라에서는 서원에 이름과 책, 노비와 토지를 내렸다. 이황은 곧 군수의 자리에서 물러나 고향으로 돌아가 제자를 길렀다. 이황이 세상을 뜬 뒤 제자들은 도산 서원을 세웠고, 이황의 학문을 따르는 많은 선비가 도산 서원으로 모여들었다.

서당 가는 길

"서당 다녀오겠습니다."

책 보따리를 허리춤에 맨 열 살 진석이가 쏜살같이 사립문 밖으로 달려 나갔다. 오늘부터 서당에 다니게 된 진석이는 신이 났다. 어른 걸음으로 한나절을 족히 걸어야 하는 이웃 마을 서당까지 숨도 쉬지 않고 달려갔다.

"허허, 동냥 공부라도 서당에 가는 것이 저리도 좋을까?"

이웃 마을에 서당이 열렸다는 소문이 퍼지자 진석이는 글을 배우게 해 달라고 밤낮으로 졸랐다. 전에도 서당은 있었지만 살림이 넉넉한 집에서 가까운 일가친척의 아이들을 모아 가르치는 곳이었기 때문에 진석이 같은 농부의 아이들은 감히 기웃거릴 수도 없었다. 이 진사 댁처럼 내로라 하는 양반댁 도련님은 이름난 훈장님을 모시고 공부하였다.

"까막눈을 면한 자식이 하나라도 있으면 좋겠지."

진석이네 형편을 들으신 훈장님은 학비를 받지 않을 테니, 제일 뒷줄 구석에 앉아 배우라고 하셨다.

"선비는 농부에게서 나는 법이란다. 열심히 공부하거라."

젊어서 높은 벼슬을 하셨다는 훈장님은 직접 쓴 천자문을 책으로 묶어 진석이에게 주셨다. 겨우 천 글자이지만 중국의 역사와 지리, 성인들의 이야기에서 가려 뽑은 글자이기 때문에 가난한 집 아이들은 천자문만 제대로 배워도 평생을 살아가는 데 필요한 지식을 얻을 수 있었다.

"하늘 천, 따 지, 검을 현, 누를 황. 하늘은 검고 땅은 누르다……."

진석이는 아이들과 소리를 맞추어 어깨를 좌우로 흔들어 가며 외우고, 땅바닥에 나뭇가지로 글씨 쓰는 연습을 했다. 당시는 종이가 워낙 비쌌기 때문에 웬만한 부잣집 아이들도 기름에 갠 분을 바른 널조각에 붓으로 글씨를 쓰고 물걸레로 지워 다시 쓰며 연습했다.

오늘은 공부를 제대로 하지 않은 한 아이가 종아리가 부르트도록 회초리를 맞았다. 외우기 시험, 글씨 쓰기 시험도 보았다.

가끔은 서당에서 친구들과 놀이도 하였다. 고을 이름 맞추기 놀이도 하고, 남승도 놀이도 하였다. 남승도는 주사위를 던져 나오는 숫자대로 판에 적힌 명승지를 유람하고 빨리 돌아오는 편이 이기는 놀이였다. 남승도 놀이를 하면

김홍도의 서당도

〈소학〉
송나라 때 주자가 소년들에게 유학의 기본을 가르치기 위해 만든 책이다. 조선 시대에는 가장 중요한 기본 교재로 널리 쓰였다. 한글로 풀이된 〈소학언해〉가 만들어지기도 했다.

서 경치가 아름답기로 이름난 곳들을 머릿속으로 그려 보는 일은 정말 즐거웠다. 글공부를 쉬는 정월 초하루에는 사또 나리와 향리들처럼 차려입고 마을 안을 행차하여 돌아다니며 흉내 내는 원 놀이도 하였다.

천자문을 뗀 서당 아이들은 유교의 가르침을 담은 〈동몽선습〉과 〈소학〉을 배웠다. 서당을 졸업하면 나라에서 세운 향교에 가거나 서원에 가서 좀 더 어려운 공부를 하였다. 그러나 진석이는 향교나 서원에 갈 수 없었다. 어려운 집안일을 거드는 일이 공부보다 먼저였기 때문이다. 그러나 고을에 서당이 많아질수록 더 많은 아이가 글을 배우고, 유교 가르침이 널리 퍼져 나갔다.

종갓집 제삿날

오늘은 이 진사 댁 제사가 있는 날이다. 아침 일찍부터 손님을 맞이하느라 분주한 이 진사 댁의 솟을대문이 하루 종일 활짝 열려 있었다. 이 진사는 사랑채에서 제사를 준비하고, 노비들의 우두머리 격인 연학 아범이 집 안팎을 부지런히 돌아다니며 일을 챙겼다. 며칠 전부터 온 집 안을 깨끗하게 청소하고, 제사에 쓸 그릇도 반들반들 윤이 나게 닦았다.

"진사 어른, 큰 서방님이 오셨습니다."

100여 명은 훌쩍 넘을 만큼 많은 자손이 모여들었다. 서로 만나면 공손하게 큰절로 인사를 나누고, 촌수와 나이에 따라 정해진 자리에 앉았다.

"정말 대단하군요."

심부름하던 연학이가 눈을 둥그렇게 뜨고 말하였다.

"그럼, 당연하지. 우리 주인댁은 훌륭한 조상님을 모신 대단한 집안이 아니더냐."

얼굴에 주름이 깊게 패인 연학 아범이 눈을 빛내며 의기양양하게 말하였다.

"더구나 오늘은 불천위 조상님들 제사이니 더 많은 분이 오실 거야."

"불천위요? 어떤 조상님인데요?"

"나라에 큰 공을 세운 조상님, 학문이 뛰어나시고 아주 높은 벼슬을 하셔서 가문을 빛낸 조상님이지."

눈을 껌뻑이는 연학에게 아범이 자랑스럽게 말했다. 어른들은 한곳에 모여서 누가 제사의 축문을 읽을지, 누가 조상님께 술잔을 올릴지 의논하여 종이에 이름을 적고 제사를 올릴 준비를 하였다.

안채에서는 제수 음식을 장만하느라 분주하였다. 부엌일하고 심부름하는 종들로는 일손이 부족해서 이 진사 댁 논과 밭을 빌려 부치는 집의 아낙들까지 불려와 일을 거들었다. 안방마님은 음식 준비에 정성을 다하도록 일하는 사람들을 나무라기도 하고 지켜보기도 하였다.

"정성껏 부침개를 지져야 하네. 조상님의 혼령께서 구수한 기름내를 맡

고 찾아오시도록 말이지."

"이 과일은 한성에 사는 친척이 보내주신 귀한 것이니 정성스럽게 씻도록 하게."

이곳에서 구하기 힘든 음식 재료는 벼슬길에 나가 있는 친척들이 보내오기도 하였다. 잣과 호두를 비롯해 굴비를 보내오기도 하였고, 보통 사람은 구경하기도 힘든 과일까지 보내왔다. 친척끼리, 친구끼리 주고받는 물건과 음식이 양반 집안의 살림살이를 더욱 풍성하게 만들었다. 권세 있고 유명한 집안일수록 많은 선물을 받고 또 보냈다.

훌륭한 음식을 마련하여 조상님께 제사를 올리는 일은 양반 가문만이 할 수 있었다. 설날과 추석 차례 말고도 많은 제사를 지낼 수 있어야 훌륭

한 가문으로 인정받았다. 이윽고 생선과 고기, 과일, 떡과 과자 등 제수가 마련되었다. 밤이 깊어 자정이 넘자 제사상이 차려졌다. 집안 가장 안쪽에 자리 잡은 사당에서 불천위 신주를 모셔오고 제사가 시작되었다. 차례차례 술잔을 올리고 축문을 읽었다. 병풍으로 음식을 가린 뒤 조상께서 음식을 편히 드실 수 있도록 잠시 기다렸다. 축문을 태우는 의식을 치르고 신주를 다시 사당으로 옮겨 모시는 것으로 제사는 끝났다. 돌아가는 사람들의 표정에는 훌륭한 조상을 둔 자손이라는 자랑스러움이 넘쳐 났다.

기특한 우리 장손~

토닥토닥

사랑채의 이 진사,
　안채의 김씨 부인

안방마님 김씨 부인

이 진사 댁 안채에서는 채 새벽이 밝아 오기도 전에 하루가 시작되고 있었다. 안방마님 김씨 부인이 가장 먼저 일어났다.

"마님, 피곤하실 텐데 조금 더 쉬시지요."

복심이의 얼굴에 걱정이 가득하였다. 복심이는 김씨 부인이 시집올 때 따라온 몸종이다. 복심이는 불천위 제사를 모시느라 꼬박 열흘이 넘도록 잠 한숨 편히 못 잔 김씨 부인이 걱정스러웠다. 김씨 부인이 말하였다.

"게으른 안주인이 어떻게 아랫사람들을 부릴 수 있겠는가? 딸아이 진이도 내가 하는 것을 보고 그대로 배울 테고……."

16년 전 김씨 부인은 꽃다운 열여섯 나이에 열일곱 신랑과 혼인을 하였다. 양반 가문에서 태어나 부모님이 정해 주는 대로 신랑 얼굴 한 번 못 보고 시집왔다. 김씨 부인의 할아버지는 높은 벼슬을 지내고 학문이 높기로 나라 안에서 칭송이 자자하였다. 이 진사의 아버지가 김씨 부인 할아버지에게서 학문을 배운 인연으로 두 집안이 사돈을 맺었다.

훌륭하기로 이름난 이씨 가문, 그 중에서도 이 진사네는 큰아들에서 큰아들로, 다시 그 큰아들로 이어지는 종손 집안이다. 여러 대에 걸친 작은아들들의 집안까지 모두 모이면 정말 대단하였다. 곳간 열쇠를 챙겨 든 부인이 안채 마당으로 내려서며 복심이에게 말하였다.

"이 집에서 매일 먹고 자는 사람만 수십 명에다 드나드는 사람은 헤아리기도 어렵다네. 거느린 노비만도 수십 명일세. 이렇게 큰 살림살이를 하려면 아침 일찍부터 챙길 일이 많다네."

부인의 뒷모습에는 위엄이 넘쳐 났다. 부인은 1년에 열 번을 훌쩍 넘기는 큰 제사를 정성껏 준비하였다. 가까운 형제에서 먼 형제 그리고 많은 친척 집안까지도 꼼꼼히 챙겼다. 가난해서 먹을 것이 없는 집에는 곡식을 보내고, 병든 사람들에게는 약을 챙겨 주었다. 전쟁이나 전염병 때문에 부모를 잃은 집안

규중칠우
여성이 쓰는 바느질 도구로
자·가위·바늘·실·골무·인두·다리미를 일컫는다.

아이를 데려다 키우고 가르쳐 어엿한 어른을 만드는 일까지, 집안 살림살이는 모두 김씨 부인 몫이었다. 풍년이 들면 든 대로 바빴고, 가뭄이 들면 든 대로 김씨 부인이 할 일은 늘 많기만 했다.

이 진사는 큰 사랑채에 머물면서 책을 읽기도 하고 손님을 맞기도 하면서 하루를 보냈다. 아들 석이도 작은 사랑채에 머물렀다. 사랑채는 손님들로 늘 북적였다. 주변의 경치가 좋기로 이름난 이 집 사랑채에서는 선비들이 모여 시 짓기 시합을 벌였다. 거울처럼 맑고 잔잔한 연못을 바라보며 몸가짐을 추스르기도 했다.

사랑채에서 집 안으로 난 작은 대문을 여러 개 통과하면 아담한 안채가 나왔다. 마지막 대문 앞의 내외담을 돌아서면 키 작은 나무들과 예쁜 꽃들이 눈에 들어왔다. 사랑채가 남자들의 세상이라면 안채는 여자들과 어린아이들의 세상이었다.

석이와 진이, 아들과 딸

"어머니, 잘못했어요. 용서해 주세요."
회초리로 종아리를 맞는 진이가 눈물을 뚝뚝 흘렸다.
"열 살이나 되었는데 버선 바느질 하나 제대로 못한대서야……."
어머니의 무섭게 치켜뜬 눈초리를 보면서 진이는 기어들어 가는 목소리로 대답하였다.
"이제부터 얌전하게 바느질도 하고, 바깥에 함부로 나가지도 않을 게요."
김씨 부인 곁에서 솜버선 짓는 법을 배우던 진이가 말하였다.

"어머니, 저도 오라버니처럼 글공부도 하고 중국의 역사책과 유교 경전을 읽으면 안 되나요?"

"글을 배우는 일은 남자들의 몫이란다. 여자들은 집안 살림하는 법을 배워야 해. 그것이 세상의 정해진 이치야. 이 어미도, 할머니도 그렇게 살아왔단다."

진이는 시무룩해졌다.

"그래도 글을 배우고 싶어요. 아름다운 꽃을 보거나 어두운 밤 밝은 달에 스쳐 가는 구름을 보면 시를 짓고 싶어요."

두 오빠 석이와 준이는 훌륭한 훈장님을 따로 모시고 호젓한 별채에서 공부하였다. 과거에 합격하여 벼슬길에 오르고 집안의 이름을 빛내는 것이 두 사람의 꿈이었다. 계속 과거에 합격한 사람이 나와야 양반 가문의 체면과 명성을 이어갈 수 있기에 두 아들에게 거는 기대가 대단하였다.

진이는 두 오빠가 공부하는 것을 곁에서 보면서 스스로 천자문을 다 깨우친 총명한 아이였다. 그런 막내딸 진이를 안타깝게 여긴 아버지 이 진사는 수묵화 그리는 법을 가르쳐 주기도 하였다. 하지만 어머니는 진이가 일곱 살이 되면서부터 뒤뜰에서 뛰어노는 것도 못 하게 하고, 오빠들과

한자리에 오래 있지도 못하게 하였다.

김씨 부인이 단호하게 말했다.

"여자는 언문을 배우면 충분해. 언문으로 편지도 쓸 수 있고, 시도 지을 수 있잖니. 이 세상에는 어려운 글을 배워서 여자가 할 수 있는 일이 없단다."

진이는 살짝 한숨을 내쉬었다. 버선 짓는 법을 배우고 나면, 옷 짓는 법을 배워야 했다. 관복을 짓는 일은 그 중에서도 가장 어려웠다. 첩첩산중에 갈수록 태산이었다. 남색 비단에 학과 호랑이를 수놓아 붙이고, 목선이 둥그렇게 패인 관복을 제대로 만들 수 있으려면 얼마나 더 종아리를 맞아야 하는 걸까?

"아얏!"

뾰족한 바늘 끝이 진이의 손가락을 찔렀다. 빨간 구슬 같은 핏방울이 흰 버선 위로 떨어졌다. 어머니가 쯧쯧 혀를 차며 말하였다.

"시아버님 관복을 잘 지을 수 있을 만큼 바느질 솜씨가 좋아야 훌륭한 집안으로 시집을 갈 수 있어."

"예."

진이는 다소곳하게 대답하였다. 하지만 마음속으로는 지금까지처럼 오빠들 어깨너머로 글공부를 계속할 궁리를 하였다.

"꼭 글을 배우고 말겠어. 글을 배워 멋진 시를 지을 거야."

진이는 안채의 바깥, 담장 밖의 세상이 궁금하고 또 궁금하였다. 하지만 진이에게 담장은 너무나 높았다.

장가를 가거나 시집을 가거나

사람들이 마을 어귀로 모여들었다. 도포 차림에 갓을 쓴 점잖은 선비들이 좀 멀찍이 떨어진 곳에 삼삼오오 모여 있었고, 맨상투 머리에 낡은 바지 저고리를 입은 사람들이 왁자지껄 떠들어 댔다. 모두가 엊그제 이웃 고을로 장가든 신랑의 행렬을 기다리는 중이었다.

양반 댁 혼사는 마을 사람들의 관심거리요, 마을 사람들 모두의 잔치였다. 운이 좋으면 맛난 음식에 향기로운 술도 얻어먹을 수 있었다. 여자들은 연지곤지 찍고 족두리를 쓴 예쁜 새색시 이야기에 날이 새는 줄 몰랐다. 나이 찬 처녀들은 앞으로 혼인할 생각에 설레었고, 아낙네들은 오래전 자기가 혼인하던 날을 떠올리며 즐거워했다.

"저기 새신랑이 와요."

까치발을 하고 살피던 아이가 목청을 높였다.

"맞네 그려. 나귀에 올라탄 새신랑이 이 진사 댁 큰 도련님 맞네."

드디어 새신랑 행렬이 고을 안으로 들어섰다. 신랑의 뒤를 따라 신부의 가마가 흔들거리며 지나갔다. 가마 위에는 호랑이 가죽이 덮여 있었다.

"어머나, 호랑이 가죽을 가마 위에 덮고 가다니, 엄청 높은 대감 댁 따님인가 보네."

"그럼, 당연하지. 이 진사 댁이 어떤 댁인데?"

행렬은 이 진사 댁을 향해 계속 앞으로 나아갔고, 고을 사람들은 행렬 뒤를 느릿느릿 따라갔다. 어떤 사람이 고개를 갸웃거렸다.

"혼인을 하고 며칠 만에 신부가 곧장 시댁으로 들어가네? 우리 풍속은

신랑이 몇 년씩 처가에 살면서 아이도 낳고 그 아이가 훌쩍 커야 집으로 오는 게 아니었나?"

"그렇지. 하지만 요즘은 혼인하자마자 신랑 집으로 오는 일이 점점 더 많아지고 있다네."

"왜 그렇게 바뀌었나?"

"유교 성인의 가르침에 남자는 하늘이고 여자는 땅이라고 하지 않았는가. 땅이 하늘을 따라야지 하늘이 땅에 가 있을 순 없지 않겠나."

주위에 있던 사람들이 정말 그렇다는 표정으로 고개를 끄덕였다.

드디어 새색시가 수줍게 가마에서 내렸다. 고개를 깊이 숙이고 아주 조심스러운 발걸음으로 시집 대문 안에 첫발을 떼었다.

'오래도록 검은 머리가 파뿌리처럼 될 때까지 시부모 잘 섬기고, 남편 잘 받들고, 첫아들 낳고…….'

모두가 마음속으로 빌어 주었다.

새 며느리 인사를 받은 이 진사는 사당으로 갔다. 집 제일 안쪽, 조금 높은 곳에 조상님을 모신 사당이 있었다. 오직 양반만 집 안에 사당을 둘 수 있었다. 좋은 일, 경사스러운 일이 생기면 조상께 먼저 알려드리고, 어려운 일이나 나쁜 일이 생기면 조상들께서 굽어살펴 주길 기원하였다.

"조상님들께 아뢰옵니다. 우리 집안의 든든한 장손 석이가 장가를 들었사오니……."

집안의 경사로세, 아들이 태어났네

몇 년이 흘렀다. 이 진사 댁에 경사가 났다.

"진사 어른, 아들 손자가 태어나셨습니다."

"그래. 알았다."

안채로부터 손자가 태어났다는 기별을 받고 이 진사는 마른 헛기침을 하였다. 사랑채 밖으로 나온 이 진사는 하늘의 별자리와 달이 어디에 있는가를 유심히 살폈다.

"해시(밤 9~11시 사이)로구나."

이제 어엿한 아버지가 된 석이가 흰 종이에 아이가 태어난 해, 월, 일을 적고 마지막으로 해시(亥時)라고 써 넣었다.

"날이 밝으면 건넛마을 박 초시 댁에 다녀오거라. 사주(생년월일)를 보여 드리면 태어난 아이가 어떤 운명을 가지고 있는지 잘 알려 주실 거다."

아침 일찍 아이 아버지 석이와 연학 아범은 왼새끼에 숯과 고추를 보기 좋게 엮어 넣은 금줄을 만들었다.

두 손바닥에 침을 묻혀 가며 정성을 들여 왼새끼를 꼬면서 연학 아범이 말하였다.

"붉은색은 밝고 힘찬 양의 기운을 가지고 있어서 악귀를 쫓는 데 효험이 있다고 합니다. 또한 숯의 검은빛은 어둡고 조용한 음의 기운으로 잡귀를 빨아들여 없앤다고 하지요."

석이도 한마디 거들었다.

"보통 쓰이는 새끼, 즉 오른쪽으로 돌려 꼬는 새끼는 인간 세상에 속한 것이고, 왼쪽으로 꼬는 왼새끼는 신성한 것, 성스러운 세상에 속한 물건이라는 뜻이지."

두 사람은 금줄을 대문 밖에 내걸었다. '이 집에 아이가 태어났으니 조심하시오.'라는 뜻의 금줄을 본 사람들은 삼칠일, 21일 동안은 되도록 이 진사 댁 출입을 삼가야 한다.

이 진사는 집안 노비 모두에게 무명 옷감을 한 필씩 내렸다. 태어난 손자가 건강하기를 바라는 마음으로 덕을 베푼 것이다. 한 노비가 말하였다.

"아씨께서 또 아들을 낳으시면 좋겠네. 또 옷감을 주실 테니."

"예끼, 이 사람아! 이번에 태어나신 아기는 집안의 대를 이을 종손, 맏

아들이시니까 옷감도 내리시는 거야. 특별 대우라는 거지."

안채 부엌에서 일하는 계집종 큰년이가 말하였다.

"맞아, 나중에 진사 어른이 돌아가시고 나면 우리들 중 절반이 그대로 큰서방님이 물려받으실 몫이 될 테지? 논과 밭이며 다른 재산도 큰서방님이 제일 많이 받으실 거야."

"큰아드님이 제사며 모든 집안일을 챙기니까 당연히 그렇게 되겠지."

이 때 어린 노비 하나가 말하였다.

"나는 착하고 예쁜 진이 아가씨 따라갈 거야."

연학 아범이 너털웃음을 지으며 말하였다.

"돌쇠야, 그게 네 마음대로 되는 일이냐? 더구나 시집가서 남의 집 사람이 되실 진이 아가씨 몫의 노비나 재산은 그리 많지 않을 텐데……."

돌쇠 얼굴이 뾰로통해졌다.

"아이고, 삼신할머니께 드릴 밥상 준비하러 얼른 가야지."

큰년이가 치마를 털고 일어났다. 오래전부터 사람들은 집안에 함께 살고 계신 삼신 할머니가 아이를 점지한다고 믿었다. 삼신할머니께 미역국과 쌀밥을 올리면서 태어난 아이를 잘 보살펴 달라고 기원하였다.

귀신 쫓아 병 고치는 사람

둥둥~ 두두둥둥~ 오색의 화려한 옷을 입고, 한 손에는 무시무시한 칼을, 또 한 손에는 절렁거리는 청동 방울을 잡고 흔드는 무당이 벌써 몇 시간째 춤을 추고 있었다. 무당 앞에 놓인 큰 상 위에 쌀이며 고기며 과일이 푸짐하게 차려져 있었다. 북소리 장단에 맞추어 겅중겅중 뛰어오르다가 방울을 흔들며 고함을 지르기도 하고, 푸짐하게 대접을 잘 받았으니 그만 물러가라고 살살 달래기도 했다.

사람들은 모두 모여서 절을 하고 두 손을 모아 빌기도 하였다. 몇몇 양반 댁 도령들도 담벼락 뒤에 숨어서 지켜보고 있었다. 무당굿을 구경하였다고 야단을 맞을까 봐 두렵기도 했지만, 무시무시한 분위기에 금방이라도 두창신이 튀어나와 달려들까 봐 무서웠다. 어른들이 고개를 절레절레 흔들며 주고받는 말소리가 들렸다.

"홍씨네 손자가 두창에 걸렸다는군."

"마마 손님이 오신거로구만. 저런 어쩌나……."

"용하다는 의원을 모셔다 약을 쓰면 안 될까?"

누군가가 나직하게 말하였다.

"큰일 날 소리는 하지도 말게. 두창은 다른 병과 다른 것 몰라? 약을 쓰면 두창신이 노하셔서 틀림없이 죽는단 말일세."

"에이, 설마……."

"대궐에서도 두창에 걸린 왕자님께는 약을 안 쓴다는데?"

두창에 걸리면 열이 펄펄 끓고 온 몸에 붉은 반점이 생겨났다. 반점 가운데가 노랗게 곪으면서 열이 내리면 다행히 살아날 수도 있었다. 하지만 온 몸이 너무 가려워 정신없이 벅벅 긁으면 곪은 부분이 터지고 움푹움푹 살이 패였다. 살아나도 얼굴이 우툴두툴 얽은 흉터로 뒤덮힌 곰보가 되었다.

징소리가 점점 더 커졌다. 검은 복건을 쓴 도령이 친구에게 조그맣게 말하였다.

"나는 두통이 심할 때 무당이 시키는 대로 땅바닥에 얼굴을, 그리고 아픈 부분에 낫을 꽂아 두었더니 나았다네."

곁에 있던 친구가 싱긋 웃었다.

"우리 어머니도 집안사람들이 아프면 절에 다녀오시곤 해. 부처님께 정성껏 기도를 드리면 낫는다고 생각하시지. 의원을 불러 여러 가지 약초를 쓸 때도 있지만……."

그 때 한 아이가 살금살금 곁으로 다가왔다. 왼쪽 볼이 빨갛게 부어올라 있었다.

"어? 네 볼에 붓으로 뭘 그린 거냐?"

"응. 종기 난 곳에 '개(犬)'라고 쓰고 그 옆에 '호랑이(虎)'라고 쓴 거야."

"킥킥, 호랑이가 개를 잡아먹듯 종기가 나을 거라고?"

"그래. 이렇게 하면 잘 낫더라고."

아이들은 얼굴에 글씨를 쓴 모습이 우스워 입을 가리고 키득거렸다.

얼마 전 마을 사람들이 동구 밖에 장승을 새로 세웠다. 사람들은 무시

두창 바이러스
50000ML

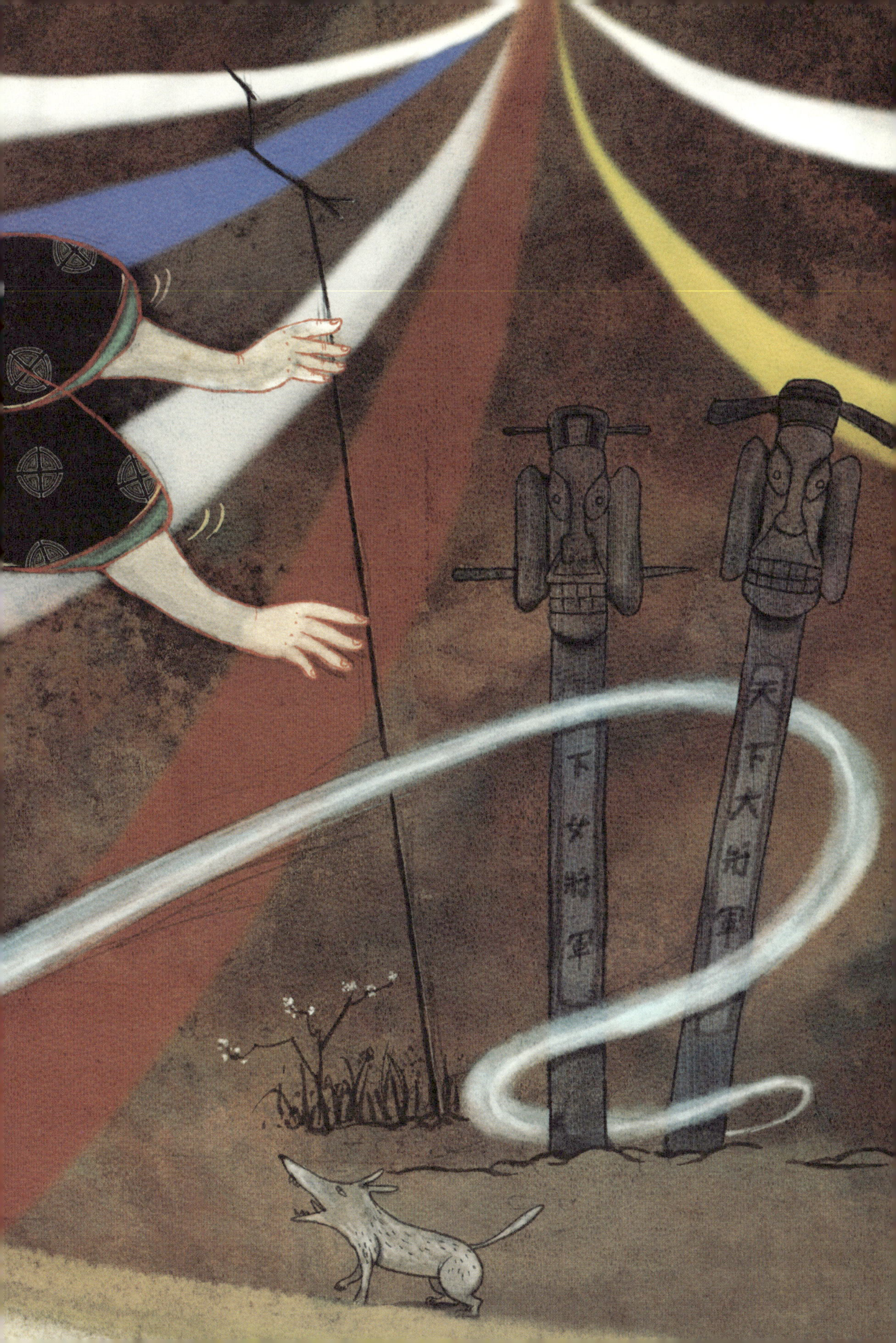
天下大將軍
下女將軍

무시한 이빨을 내놓고 왕방울 만한 눈을 부릅뜨고 서 있는 장승이 마을로 들어와 병을 옮기는 귀신을 막아 줄 것이라고 믿었다. 장승을 세우려면 돈이 많이 들어서 집집마다 비용을 나누어 내고 힘을 보탰다. 새로 세운 장승 옆에는 오래된 장승들이 '내가 마을 수호신이다.'라는 표정으로 버티고 서 있었다.

하지만 두창신 앞에서는 천하 대장군, 지하 여장군도 힘을 쓰지 못했는지 한번 들어온 두창신은 나가지 않았다. 집집마다 돌아다니며 어린아이, 어른, 양반과 농민, 노비를 가리지 않고 숱한 사람을 저세상으로 데려갔다. 정말 무시무시한 전염병이었다. 두창으로 가족이 죽은 집에서는 영혼을 달래는 굿을 벌이기도 하였다. 산속에 있는 절에도 쌀과 돈을 보내 병으로 죽은 어린 영혼을 위로하는 불공을 드리도록 하는 사람들도 있었다.

유교의 가르침은 병들고 아픈 사람, 죽은 뒤의 세상을 두려워하는 사람들의 마음을 위로해 주지는 못했다. 여전히 사람들은 부처와 스님에게 의지하며 아픈 마음을 달랬다. 나라에서 가장 천한 사람으로 낙인찍은 무당도 복을 빌어 주고 굿을 하며 사람들에게 위안을 주었다.

❈ 마을을 지키는 수호신, 장승

장승은 마을의 입구, 절 입구에 세워진 '수호신'이었다. 사람들은 장승이 나쁜 귀신이나 기운을 쫓아내고, 재앙과 질병을 막아 준다고 믿었다. 동서남북 4개의 방향에 푸른색, 흰색, 붉은색, 검은색을 붙여서 동방 청제 대장군, 서방 백제 대장군, 남방 적제 대장군, 북방 흑제 대장군 등으로 부르거나 천하 축귀 대장군, 지하 축귀 대장군으로도 불렀다.

나무로 깎아 세운 목장승도 있지만, 돌을 다듬어 만든 석장승도 많다. 장승들의 눈과 입은 크고 무섭게 생겼지만, 마치 이웃 할아버지처럼 친근한 표정을 짓기도 한다.

솟대와 장승
솟대와 장승을 한데 모아 세우기도 했는데, 나무는 하늘과 땅을 연결하는 존재이고, 새는 땅과 하늘을 자유롭게 오가는 전령이라 생각했다.

석장승
돌로 만든 장승 중에는 코가 뭉툭해진 것이 많다. 석장승의 코를 갈아 물에 타서 마시면 아들을 낳는다는 이야기가 전해져 오기 때문이다.

풍년을 기원하는 마을 사람들

섣달 그믐날 정겨운 풍경

섣달이 왔다. 코끝을 에이는 듯한 겨울바람에 눈발까지 흩날리는 저녁 한나절. 마을 사랑방에서 남자들의 윷판이 벌어졌다.

"옳거니, 윷!"

사랑방이 떠나갈 듯한 함성이 터져 나왔다.

"허어, 우리 편 말은 씩씩하게 잘도 움직이는데, 그 쪽 말은 느릿느릿 가는 게 꼭 거북이 같군."

댕기머리 총각이 야무지게 윷을 던져 올리자 사람들은 숨을 죽이며 침을 꿀꺽 삼켰다.

"와~ 모다! 다시 한 번 던져라."

"에이, 거북이가 천리마가 되었군. 우리 편 말이 잡히고 말았네. 쯧~"

힘겨운 한 해 농사를 마치고 오랜만에 윷놀이에 빠져든 사람들은 즐겁기만 하였다. 멍석 위로 날아오르는 윷을 보면서 새해 운세를 점치고 풍

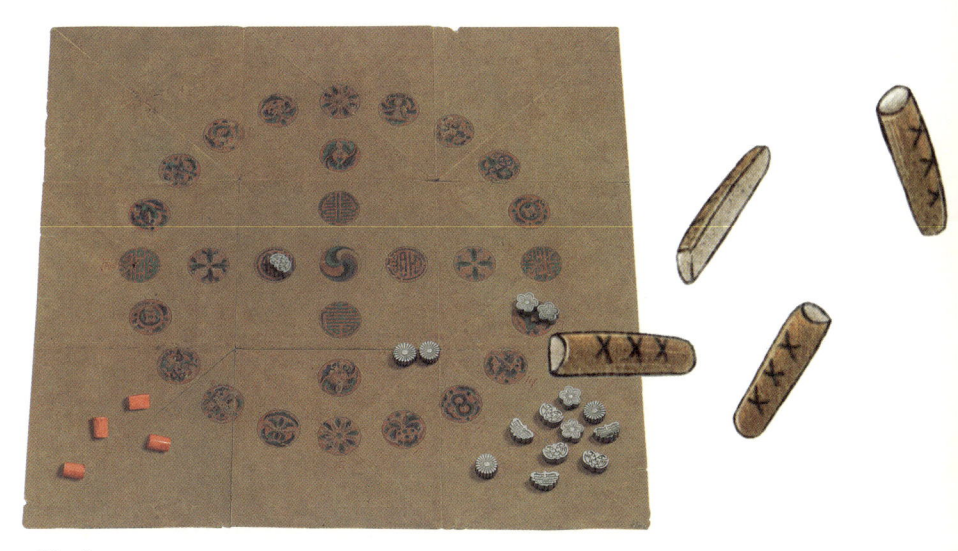

윷놀이
윷놀이는 삼국 시대 이전부터 전해오는 우리 고유의 민속 놀이이다.

년을 기원하였다. 섣달을 지나 정월 초가 되면 조선의 마을 어디를 가나 이런 풍경을 볼 수 있었다. 둥그스름한 윷의 위 모습은 하늘이요, 각진 아래 모습은 땅이었다. 다섯 개의 윷에 각각 목(木), 화(火), 토(土), 금(金), 수(水)라는 글자를 새기고 운세와 풍흉을 재미 삼아 점쳤다. 사람들은 목, 화, 토, 금, 수를 '오행'이라 불렀다. 우주 만물의 걸음걸이가 오행에 담겨 있다고 여겨 윷판의 길도 오행을 따라 그렸다. 인간 만사가 돌아가고 세상이 달라지는 이치 또한 오행에 담겨 있다고 생각하였다.

밤에 돌아다니기 어려운 마을 여자들은 한낮 확 트인 빨래터에 모여 이야기꽃을 피웠다. 아침 일찍 마을 우물가에서 물동이를 채우는 여자들도 힘든 일상을 수다로 풀어냈다. 날씨가 추워져 개울물에 살얼음이 져도 빨래는 매일 해야만 했고, 밥 짓는 데 필요한 물도 매일 길어 날라야 했다.

오늘도 양반 댁 계집종, 농사꾼 아낙들은 옹기종기 모여 앉아 방망이로 빨래를 두드리며 고단한 삶을 이야기했다.

"윗마을 공 서방네 딸 반지랑 아랫마을 황 서방네 아들 준치가 올 봄에 혼인을 한대요."

이 말을 듣고 늙수그레한 아낙이 놀라서 말하였다.

"워메, 솜씨 좋고 길쌈 잘하는 예쁜 반지는 내가 며느리 삼으려고 했는데 아까워라."

"참, 임금님께서 박 초시 댁에 정려를 내리셨대요."

"정려는 충신과 효자 열녀가 난 고을에 기념문을 세우고 칭찬하는 것이 아닌가?"

"그렇지요. 그 집은 효자가 3대에 걸쳐 나온 데다 그 댁 며느리는 남편이 죽은 뒤 어려운 살림에도 시부모를 모시고 봉양했으니 받을 만도 하지요."

정려를 받은 집안은 널리 이름이 알려지는 것은 물론이고 자손이 높은 벼슬을 받기도 하였다. 마을 여자들이 함께 기뻐하였다.

"정말 우리 마을에 경사가 났네."

봄을 기다리는 명절, 정월 대보름

세상이 하얀 눈으로 뒤덮이고 겨울이 깊어 갔다.

"어이구, 정말 춥군. 오늘이 소한이라서 추울 거라고 생각했지만 이 정도인 줄은 몰랐네. 개울까지 꽁꽁 얼어붙는 대단한 추위네 그려."

황 서방네 사립문을 밀고 들어서는 쇠돌 아범이 어깨를 부르르 떨며 말하였다.

"어서 오게나. 자네는 대한이 소한 집에 놀러 갔다가 얼어 죽었다는 말도 못 들었는가? 말이 작은 추위지, 지금이야말로 동장군 기세가 꼭대기에 올라 있을 때니까 감기에 걸리지 않도록 조심해야지."

쇠돌 아범이 말을 받았다.

"그 말이 맞네. 소한 때 얼어붙은 얼음이 대한 때 녹는다는 말도 있으니 말이야. 겨울은 추워야 해. 그래야 해로운 벌레 알들이 싹 얼어 죽어 풍년이 들지."

이제 얼마 뒤면 음력 정월, 설날이었다. 정월 대보름이 지나면 길고 지루한 겨울의 끄트머리가 보였다. 겨울의 끝에 봄기운이 보이면 농사꾼들의 일손이 다시 바빠졌다. 그래서 사람들은 정월 대보름에 한 해 풍년 농사를 기원하고 다짐하는 마을 축제를 걸판지게 열었다.

이 진사 댁 논과 밭을 빌려 소작을 부치는 덕구네도 들어와 툇마루에 걸터 앉았다.

"이번 정월 보름에도 줄다리기랑 돌팔매 싸움을 하겠지?"

"당연히 하겠지. 그리고 꼭 이겨야지."

세 사람은 이 마을 두레에서 중요한 일을 맡고 있기에 정월 보름에 마을 축제를 어떻게 열지 의논하였다.

대보름이 하루 앞으로 다가왔다. 새벽을 알리는 닭이 울자마자 마을 남자들은 퇴비를 한 지게 가득 지고 논으로 달려갔다. 그리고 논에 골고루

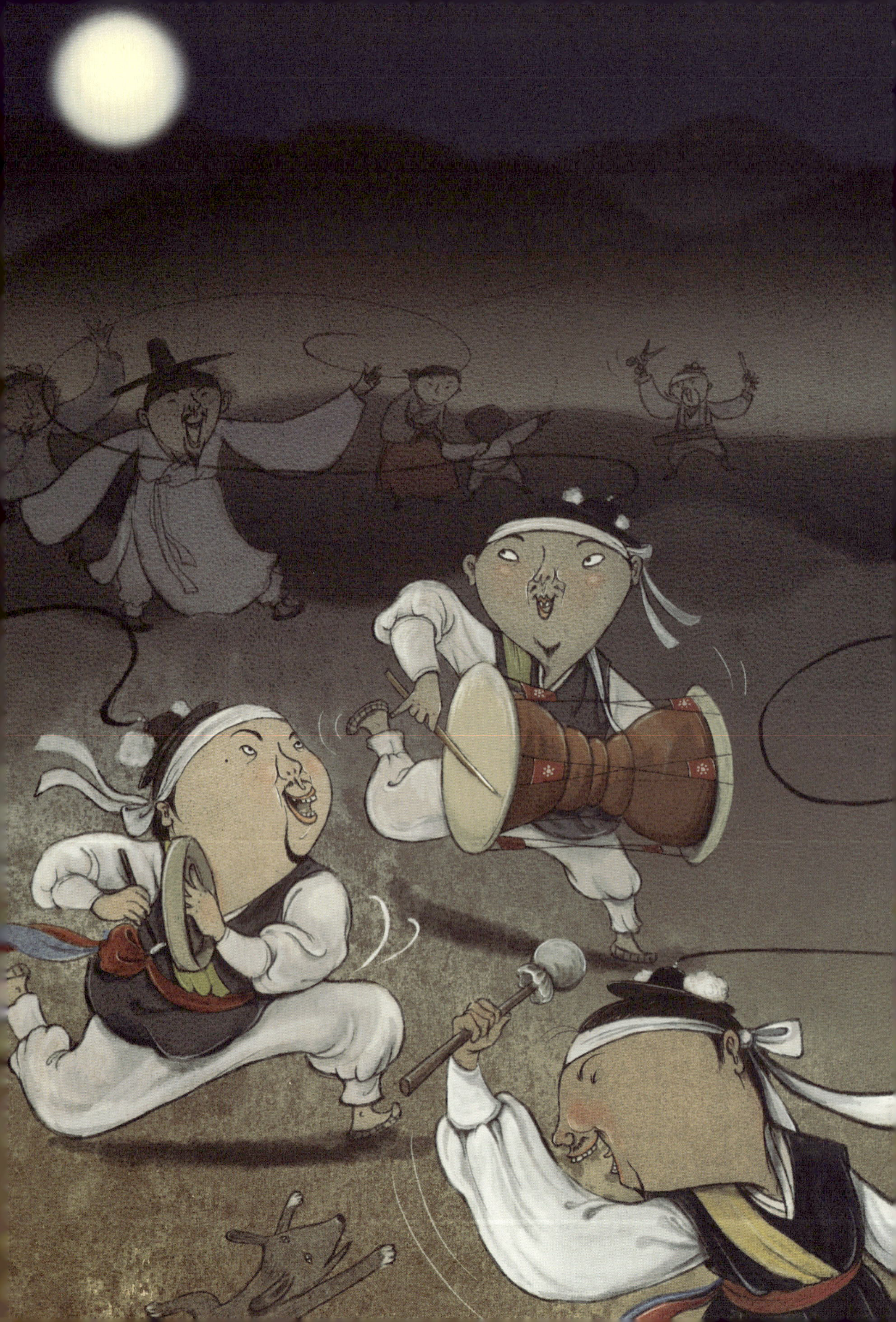

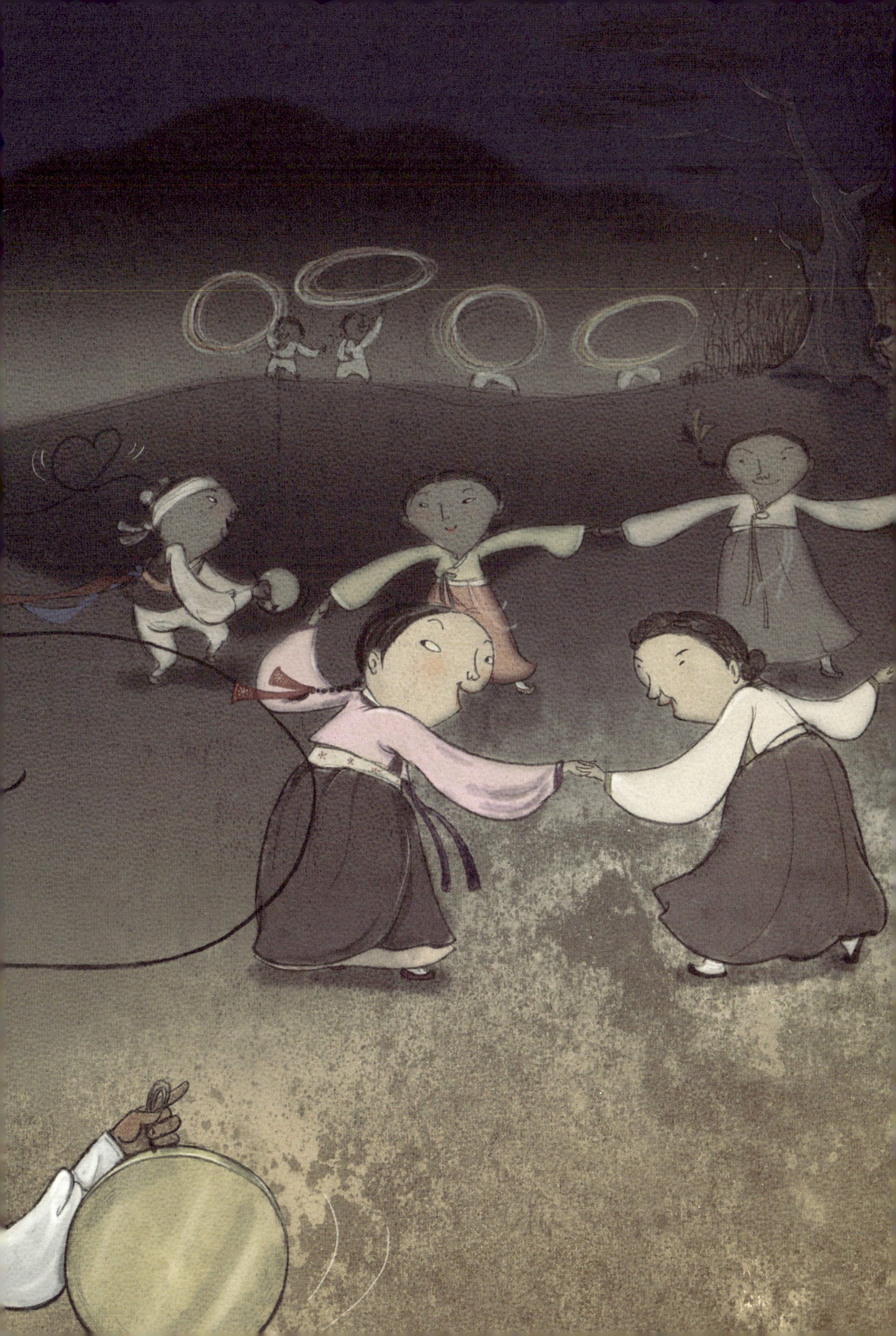

퇴비를 뿌렸다. 한 해 농사가 시작된다는 신호이면서 풍년을 기원하는 의식이었다.

대보름날 한낮이 되었다. 마을 전체가 시끌벅적한 가운데 두레 풍물패가 꽹과리와 징, 북과 장구를 치면서 집집마다 돌아다녔다. 풍물패를 따라 걸립패가 들이닥치면 어느 집이나 쌀을 내놓으며 한 해 동안 재앙 없이 잘 살게 해 달라고 빌었다.

걸립패가 마을을 한 바퀴 다 돌 즈음 줄다리기가 벌어졌다. 며칠 전부터 볏짚을 꼬아 굵직한 동아줄 두 가닥을 만들어 두었다. 암줄과 수줄을 고리로 엮어 놓고 마을 사람들이 남녀노소를 가리지 않고 동편, 서편으로 나뉘어 줄을 잡았다. 동편은 쇠돌 아범이 서편은 덕구 아범이 앞장섰다.

"영차~ 올해 농사 풍작 되고~"

"영차~ 재앙일랑 물러가고~"

줄다리기는 순식간에 끝이 났다. 쇠돌 아범 편이 이겼다. 이긴 쪽은 함성으로 승리를 알렸다. 암줄이 이겨야 풍년이 든다고 수줄을 잡은 쪽이 일부러 살짝 져주기도 하였다. 사람들은 이긴 줄을 받쳐 들고 풍물을 울리며 마을 당산나무 쪽으로 갔다. 마을을 지켜 준다는 당산나무는 백 살도 더 되어 보이는 느티나무였다. 사람들은 당산나무 옆 솟대에 이긴 줄을 걸어 놓고 한 해 동안 마을에 좋은 일만 있게 해 달라고 빌었다. 솟대는 높다란

솟대
풍성한 수확을 기원하는 마음을 담아 세우기도 하고, 장승 옆에 장대를 세우고 그 끝에 새를 깎아 달기도 했다.

장대 끝에 새 모양을 깎아 올린 모양으로 아주아주 오래전부터 만들어 왔다. 사람들은 땅과 하늘을 마음대로 오가는 신령스러운 새가 자기들의 간절한 마음을 하늘에 알려줄 것이라고 믿었다.

이겨야 풍년 든다

정월 대보름 하루 내내 마을 곳곳에서는 풍년을 비는 의식이 놀이 삼아 치러졌다. 과일나무 가지 사이에 돌을 끼워 나무를 시집보내 열매가 많이 열리기를 기원하기도 했고, 땅을 다스리는 지신을 겨울잠에서 깨우는 지신밟기도 했다. 쇠돌 아범, 덕구 아범도 땅을 밟으면서 자기 집과 마을에 복이 깃들기를 기원하였다.

관아가 가까운 곳에서는 서로 이웃한 마을 사이에 돌팔매 놀이가 한판 벌어졌다. 두 마을의 건장한 청년들이 나서는 돌팔매 놀이는 대단한 구경거리였다. 돌을 멀리 잘 던지는 사람을 모아 돌팔매 부대를 만들기도 하였다.

"아얏!"

"아이고, 머리야~"

우박처럼 쏟아지는 돌멩이에 다치기도 했지만, 견뎌 내야 풍년을 맞을 수 있다는 믿음에 어느 누구도 몸을 사리지 않았다.

짧은 겨울 해가 서산에 지고, 새해 첫 보름달이 떠오르면 사람들은 너도나도 횃불을 들고 언덕으로 올랐다. 다른 사람보다 먼저 언덕에 올라 떠오르는 달을 보며 소원을 빌려고 하였다. 떠오르는 달의 모습이 희미하거나 달무리가 지면 그 해 농사는 흉년이고, 둥글게 가득 찬 밝은 달이면 풍년이라고 하였다.
"자, 이제 한판 벌일 때가 되었지?"
쇠돌이가 횃불을 빙빙 돌리며 말하였다.
"그래. 한번 이길 때까지 해 보자. 저쪽 언덕을 빼앗아라!"
언덕에 진을 친 두 마을 남자들이 횃불을 휘두르며 달려가 상대편 자리를 빼앗고 포로를 잡는 싸움을 시작했다. 넘어지는 사람, 언덕에서 구르는 사람, 다치는 사람도 많았지만 마지막 횃불이 꺼질 때까지 함성이 그치질 않았다. 밤늦도록 들판에서 일을 할 때 주변을 밝혀 주던 횃불을 들고 풍년을 기원하는 싸움을 벌였다.
보름을 맞은 아이들도 신이 났다. 아침에는 껍질이 딱딱한 과일을 깨물며 1년 동안 몸에 부스럼이 나지 않게 해 달라고 빌었다. 오곡밥과 나물 반찬을 비롯해 풍성한 먹을거리에 연날리기, 널뛰기 등 신나는 놀이로 낮을 보낸 아이들은 논두렁 밭두렁을 태우는 쥐불놀이로 밤이 깊어 가는 줄도 몰랐다. 이 진사네 진이 같은 양반집 여자들은 얕은 담장 가에서 널을 뛰며 살짝살짝 밖을 내다보기도 하였다.
한쪽에서 쥐불놀이를 맥없이 지켜보던 한 아이가 부러운 듯이 쳐다보다가 말하였다.
"정월 대보름이라고 해도 배고픈 건 여전하잖아."
아이는 정월 대보름날 하루 종일 굶어야 하는 개들과 자기 처지가 다를 바 없다는 듯 슬픈 표정을 지었다. 사람들은 정월 대보름날에는 보름달이 뜬 뒤에야 개들에게 먹을 것을 주었다. 보름날 개에게 밥을 주면 개가 마르고 파리가 들끓어 더러워진다고 믿었기 때문이다.

마을 전체가 떠들썩한 축제를 벌였지만 가난한 집 대보름날은 여전히 춥고 굶주리는 날일 뿐이었다.

노래하며 일하는 공동체, 마을 두레

개구리가 겨울잠에서 깨어 뛰어 나오고 강남에 갔던 제비가 돌아오면 고된 농사철이 제대로 시작되었다. 이른 아침부터 두레 행수를 맡고 있는 돌쇠 아범의 우렁찬 목소리에 풍물 놀이패의 음악 소리가 요란하였다.

"자~ 오늘은 너른 들에서 풍년 농사 한번 지어 보세."

괭괭꽤꽤괭~ 꽹과리 소리가 앞서 나가자 북과 장구에 징이 어우러지고 농부들은 어깨춤을 추며 들판으로 걸어갔다.

마을 사람들은 두레를 만들어서 씨 뿌리기부터 가을걷이까지 힘든 농사일을 함께했다. 하늘 높이 두레 깃발이 펄럭였다. 곁에 달린 지네발이 너울너울 춤추는 깃발에는 '농자천하지대본야'라고 쓰여 있었다. 모두의 먹을거리를 생산하는 농사일, 그 일을 하는 농민들은 천하의 근본이었다. 비가 제때 내려주기를 바라는 마음으로 깃발에 용을 그려 넣기도 하였다. 용이 비를 몰고 다닌다고 생각하였기 때문이다.

"아우님, 이웃 제자 두레는 일을 잘 하고?"

행수가 큰 소리로 물었다. 두레의 잔살림을 맡은 농부가 더 큰 소리로 대답하였다.

"그럼요. 우리 마을 두레를 선생 두레라고 부르며 잘 하고 있어요."

이웃한 마을의 두레끼리는 어느 쪽이 먼저 생겼나, 어디가 더 큰가를 따져 선생 두레, 제자 두레, 형 두레, 아우 두레라고 부르며 서로 도왔다.

"어이, 새로 온 신참은 안녕하신가?"

행수가 뒤쪽을 보며 큰 소리로 말하였다. 제일 뒤에 따라가던 한 농부가 달려 나가며 대답하자 돌쇠가 거들었다.

"신참의 기운이 항우 장사 뺨치더이다. 볏섬만 한 돌덩이를 들어 휙 하고 집어던졌어요."

지난번에 이사 온 집이 두레에 들어오는 신고식을 잘 치른 모양이었다. 어느덧 해가 중천에 떴다. 벼가 푸르게 자라날수록 잡초도 덩달아 무성해졌다. 잡초를 뽑으며 김을 매던 농부가 말하였다.

"아이고 허리야. 힘이 들수록 흥을 돋우는 노래가 제격이니 목청 좋은 돌쇠 아범이 한 가락 뽑아 보소."

"노래를 부르면 고단함도 절반이고, 박자 맞춰 움직이면 일손도 훨씬 빨라지지."

"그럴까, 그럼?"

돌쇠 아범이 구성진 가락으로 김매는 노래를 불렀다. 사람들은 한 소절이 끝날 때마다 '어야 디야~' 하며 맞장구를 쳤다.

동트면 소 몰고 시금밭에 밭논갈이
이리저리 갈어 갈 제 배고파서 못 하겠네.
짱조밥도 달고 달고 나물국도 맛이 있고
일 년 동사 잘 모시어 쌀밥으로 배 불리세.

"저기 새참이 와요."

"자, 막걸이 한 사발씩 들이켜 목을 축이세. 조금 쉬었다가 씨름도 한판 하고."

가을이 가까워 오면 나락을 까먹으러 달려드는 새를 쫓아 아이들도 노래를 부르며 바삐 뛰어다녔다.

훠어이~ 훠어이~

모정에서 열린 농부들의 회의

고단한 두레 노동을 마친 농부들이 저녁 무렵 모정에 모였다. 모정은 들판 가까이에 만들어진 벽이 없는 초가집이다. 여름 한철 사람들은 들에서 일을 하다가 더위를 피해 모정에서 잠시 쉬기도 하고, 노래도 부르고, 이야기도 나누었다.

잠시 뒤 회의가 열렸다. 마을 살림살이를 의논하기 위해서였다. 농부들 중 나이와 경험이 가장 많아 신망이 두터운 덕구 할아버지가 중심이 되었다.

"우리 마을의 곗돈이 거의 바닥 났다고 하는데, 맞나?"

황 서방이 뒷머리를 긁적이며 산가지를 부지런히 이리저리 옮기더니 대답하였다.

"지난번 조 서방네 어른이 갑자기 돌아가셨을 때 우리 마을 촌계에서 부조를 하고 나서 곗돈이 바닥났답니다. 10년도 넘게 써서 낡아 버린 두레 깃발도 새로 만들었고……."

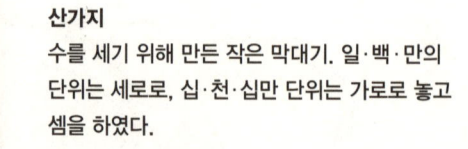

산가지
수를 세기 위해 만든 작은 막대기. 일·백·만의 단위는 세로로, 십·천·십만 단위는 가로로 놓고 셈을 하였다.

누군가가 말하였다.

"머지않아 꽃님이와 돌쇠의 혼인인데 마을에서 부조도 해야 하고……."

"가을에 추수하려면 새참 마련할 비용도 새로 추렴해야 합니다."

"모두가 넉넉하지 않은 형편이니 두레 살림살이를 좀 더 알뜰하게 꾸려 나가면 좋겠어요."

"자, 우선은 모두들 조금씩 곗돈을 더 걷기로 합시다. 황 서방은 조금 더 꼼꼼하고 알뜰하게 살림을 하게."

덕구 할아버지가 나서서 의견을 정리하였다.

농부들은 앞으로 두레 노동을 해 나갈 계획을 오래도록 이야기했다. 사람들의 이야기는 이웃 고을 사또의 송덕비로 이어졌다. 송덕비는 임기를 마치고 떠나가는 수령의 어진 정치에 감사하면서 고을 사람들이 돈을 모아 세워 주는 비석이다.

"어떤 사또 나리들은 나쁜 짓만 골라서 하고도 억지로 돈을 걷어 송덕비를 세우도록 한다는데……."

"오죽 나쁜 짓을 많이 했으면 아이들이 송덕비에 오물을 갖다 버리겠나?"

"우리 고을 사또는 그에 비하면 요순 임금처럼 어진 분이었어."

"아참, 향약을 어겼다고 매를 맞은 칠성이는 좀 나아졌나?"

"그럼, 요즘은 행실을 조심하느라 애를 쓰는 눈치야."

농부들은 양반들의 목소리에 귀를 기울이고 양반들의 사는 모습을 닮으려고 하면서도 까마득한 옛날부터 전해 오던 전통을 그대로 지키며 살았다. 사시사철 힘들게 농사짓고 순박하게 살아가는 농민들이 조선을 떠받치는 가장 큰 기둥이었다.

만약에

조선 시대에는 어떤 놀이를 했을까

행복 초등학교에 다니는 우형이와 수빈이는 친구들과 함께 놀기를 좋아하는 장난꾸러기들이다. 두 아이와 함께 조선 시대 친구들을 만나러 가 보자.

우형·수빈 얘들아, 너희들 뭐하니?

아이들 응, 우리는 고누 놀이해.

수빈 고누? 고누가 뭐야?

우형 땅이나 종이 위에 말밭을 그려 넣고 두 편으로 나누어 말을 많이 따거나 말길을 막는 것을 다투는 놀이야.

수빈 그래? 재미있겠다. 우리도 같이 하자.

아이들 그래, 이리 오렴.

우형 아차차, 내 말이 다 잡아먹혔네.

아이들 아하하, 우리가 이겼다.

우형 이번에는 술래잡기를 해 볼까? 저 친구들은 술래잡기를 하나 봐. 얘들아, 우리도 끼워 줄래?

아이들 그래, 그럼 네가 술래 해야 해.

수빈 알았어. 이번에는 내가 술래다. 여기에 숨어 있나? 아니네. 그럼 저쪽인가? 헉헉, 술래잡기를 했더니 숨이 차네. 이 친구들은 뭘 하는 걸까?

우형 우리가 쉬는 시간에 교실에서 하는 공기놀이잖아.

수빈 정말? 그런데 공기가 예쁜 돌멩이네.

우형 우리도 끼워 달라고 하자. 난 공기놀이라면 자신 있거든.

수빈 얘들아, 함께 놀자.

아이들 너도 널뛰기 할 줄 아니?

수빈 그럼, 할 수 있고 말고. 부모님과 함께 민속 마을에 가서 뛰어 본 적이 있어.

아이들 그럼, 네가 저쪽에서 뛰어.

수빈 와~ 너희는 정말 높이 뛰는구나. 꼭 새가 나는 것 같아.

아이들 너도 참 잘하는구나.

우형이와 수빈이는 연날리기를 시작하였다. 높이 솟아오른 연이 꼬리를 흔들며 힘차게 날자 조선 시대 친구들이 연줄 끊기 시합을 하자며 환호성을 질렀다. 이 때 갑자기 우형이의 연이 뚝 하고 끊어져 버렸다.
"어때? 내 연날리는 솜씨 대단하지?"
조선 시대 친구가 얼레를 감으며 말하였다.
우형이와 수빈이는 조선 시대 친구들과 오래오래 즐겁게 놀았다.

● 연표 ●

우리나라		다른 나라
1494년	연산군, 왕위에 오르다.	1467년
1498년	무오사화가 일어나 김일손 등이 죽음을 당하다.	일본, 전국 시대가 시작되다.
		1492년
1506년	중종반정이 일어나고 연산군이 쫓겨나다.	콜럼버스, 서인도 제도를 발견하다.
1510년	삼포왜란이 일어나다.	1517년
1519년	현량과가 실시되다.	루터, 종교 개혁을 일으키다.
	기묘사화가 일어나 조광조 등이 죽음을 당하다.	1519~1522년
		마젤란이 세계를 일주하다.
		1526년
		인도에 무굴 제국이 들어서다.
		1582년
		마테오리치, 중국에 오다.
1543년	주세붕이 백운동에 서원을 세우다.	
1562년	임꺽정의 난이 진압되다.	
1567년	선조가 즉위하다.	
1592년	임진왜란이 일어나다.	
	한산도 대첩, 진주 대첩으로 승리를 거두다.	
1593년	행주산성에서 일본군을 크게 이기다.	

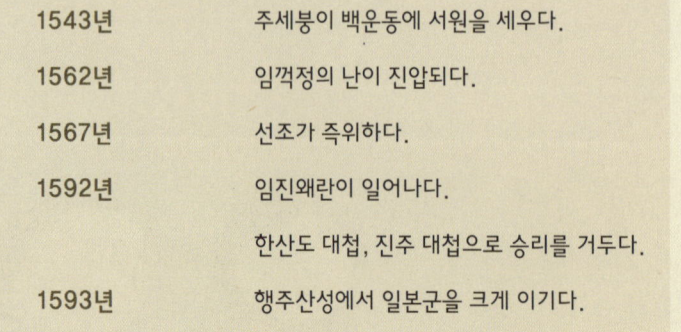

1590년
도요토미 히데요시, 일본 전국 시대를 통일하다.

1598년
도요토미 히데요시가 사망하다.

1602년
네덜란드, 동인도회사를 만들다.

1603년
일본, 에도 막부가 시작되다.

1594년	훈련도감을 설치하다.
1597년	정유재란이 일어나고 명량해전에서 승리하다.
1599년	임진왜란이 막을 내리다.
1608년	광해군이 즉위하고, 경기도에 대동법이 실시되다.
1609년	일본과의 국교를 회복하다.
1610년	〈동의보감〉이 완성되다.
1618년	명나라가 조선에 군대를 요청하다.

1623년 인조반정으로 광해군이 쫓겨나다.
1627년 정묘호란이 일어나다.
1628년 벨테브레, 제주도에 표착하다.
1636년 병자호란이 일어나다.
1637년 삼전도에서 인조가 항복하고 소현 세자가 청나라로 끌려가다.
1649년 하멜 일행, 제주도에 표착하다.
1658년 나선 정벌에 나서다.
1659년 효종이 세상을 뜨다.

1616년
누르하치, 후금을 건국하다.
1636년
후금, 국호를 청으로 고치다.
1643년
프랑스에서 루이 14세가 왕위에 오르다.
1644년
명나라가 무너지다.

●사진 자료 제공●

국립 중앙 박물관
49 〈성학십도〉 중 태극도, 60 백자 청화 매화 새 대나무무늬 항아리, 60 백자 항아리, 60 백자 대접, 146 소학

국립 민속 박물관
130 천인천자문, 167 윷판, 178 산가지

서울 역사 박물관
151 규중칠우

서울대학교 규장각
21 인조 무인년 사초, 111 〈충렬록〉 중 파진대적도, 138 향안

강릉시 오죽헌 시립 박물관
59 이이 초상

도산 서원
47 이황 초상

육군 박물관
71 부산진 순절도

전쟁 기념관
85 조총, 85 현자총통

사진 자료에 도움을 준 분
권태균

* 이 책에 실린 모든 자료의 출처를 찾기 위해 최선을 다했습니다. 누락이나 착오가 있으면 다음 쇄를 찍을 때 수정하도록 하겠습니다. 저작권자를 찾지 못하여 게재 허락을 받지 못한 일부 사진에 대해서는 저작권자가 확인되는 대로 허락을 받고 사용료를 지불하도록 하겠습니다.

● 찾아보기 ●

ㄱ

강홍립 111, 112
거북선 84
경연 30
고경명 88
곽재우 86, 88
관가정 134
광해군 73, 102~106
권율 90, 91
금줄 158
김상헌 119~121
김성일 68
김시민 88
김일손 19, 20, 21
김종직 21
김효원 42, 43

ㄴ

나선 정벌 124
누르하치 110

ㄷ

대동법 106
도산 서원 50
도요토미 히데요시 66, 67
동몽선습 146
동의보감 107~109
동인 43, 44, 45
두레 172, 175
두창 161

ㅁ

명량 대첩 94
명종 37
모정 178
문정 왕후 37, 41

ㅂ

박원종 24
백운동 서원 141
벨테브레 126, 127
병자호란 116

부산진 순절도 71
북벌 123
불천위 147
붕당 36

ㅅ

사간원 29
사야가 97
사임당 신씨 50, 51
사초 20, 21
서산 대사 89
서인 43, 44, 45
선조 41
성학십도 49, 50
성학집요 59
성희안 24
소격서 31, 32
소수 서원 142, 143
소학 135, 146
소현 세자 121, 122
솟대 165, 172
신립 70
실록 20
심의겸 43

ㅇ

아담 샬 122
언문 24
연산군 16~25
영창 대군 103
오달제 118
옥포 해전 75
원균 92
유순정 24
윤원형 37
윤집 118
이극돈 20, 21
이순신 80, 81, 92~94
이원익 105
이이 43, 50~59
이조정랑 42
이황 41, 46~50
인목 대비 103
인조 113
인조반정 113
인종 36
임경업 116
임꺽정 39, 40

ㅈ

장승 165
재 16, 17
정려 168
정언 29
조광조 27~35
조의제문 21
조총 70, 85
조헌 86
주세붕 141
중종 25, 26, 27

ㅊ

천자문 144
청화 백자 60, 61
최명길 118~121
춘추관 19

ㅍ

판옥선 84

ㅎ

하멜 125~129
학날개 전법 79~81
한산도 대첩 81
행주 대첩 90, 91
향교 135
향약 139
향음주례 140
향회 140
허준 107~109
현자총통 85
홍익한 118
황윤길 68
후금 110

● 집필 후기 ●

왼쪽부터 방지원, 남정란, 김육훈, 박선희, 김선옥

지은이 _ 전국역사교사모임

1988년에 결성되어 2008년으로 20주년을 맞는 역사 교사들의 단체이다. 전국에서 2000여 명의 교사가 자발적으로 참여하여, 생생함과 감동이 있는 '살아있는 역사 수업'을 위하여 다양한 연구 활동을 전개하고 이를 학교 현장에서 실천하고자 노력해 왔다. 그 동안의 경험을 바탕으로 2002년에 한국사 대안 교과서인 〈살아있는 한국사 교과서〉, 2005년에 세계사 대안 교과서인 〈살아있는 세계사 교과서〉를 펴냈다. 역사를 왜 가르치는가? 무엇을 어떻게 가르쳐야 하는가에 대한 많은 교사들의 경험을 토대로 2002년 〈우리 아이들에게 역사를 어떻게 가르칠 것인가〉라는 제목의 '교사가 쓰는 역사교육론'을 펴냈다.

글쓴이

김선옥

오늘 아침, 제 몸을 통해 새 생명이 태어났습니다. 이 아이가 살아갈 세상은 좀 더 따뜻하고 평화로웠으면 좋겠습니다. 3년간의 산고를 통해 태어난 〈행복한 한국사 초등학교〉가 그 세상을 만드는 데 보탬이 되길 바랍니다.
행복한 한국사 초등학교 8, 9권 책임 집필. 서울대학교 역사교육과 졸업. 서울 상경중학교 교사. 〈우리 아이들에게 역사를 어떻게 가르칠 것인가〉를 썼다. jukbuin@dreamwiz.com

김육훈

아이들과 함께 역사를 이야기하며 보낸 지 벌써 21년째다. 늘 아이들과 눈을 맞출 수 있기를, 함께 숨쉴 수 있기를 소망했다. 지난날에 대한 내 이야기를 들으며, 내일을 살아갈 아이들이 오늘을 만든 이들과 살아있는 대화를 나누길 소망했다. 우리 아이들이 올곧게 자라 당당한 우리의 미래가 되길 소망한다.

행복한 한국사 초등학교 10권 책임 집필. 서울대학교 역사교육과 졸업. 서울 태릉고등학교 교사. 전국역사교사모임 회장 역임. 〈살아있는 한국사 교과서〉〈살아있는 세계사 교과서〉〈살아있는 한국 근현대사 교과서〉〈쟁점으로 본 한국사〉〈우리 아이들에게 역사를 어떻게 가르칠 것인가〉 등을 썼다. yhkim2u@hanmail.net

남정란

초등학교 5학년이 되는 아들 형주는 3년 내내 엄마의 첫 독자가 되어 주었다. 이 책을 통해서, 엄마의 글을 통해서 아들과 소통하고 싶었다. 내 아들에게 읽히고 싶었던 역사책, 〈행복한 한국사 초등학교〉를 세상에 내놓게 되었다. 형주와 소통했듯이, 이 책을 읽는 모든 아이들과 소통할 수 있다면 정말 행복할 것 같다.

행복한 한국사 초등학교 3, 4권 책임 집필. 한국교원대학교 역사교육과와 같은 대학원 석사 과정 졸업. 서울 태릉고등학교 교사. 〈고등학교 한국근현대사 교과서〉〈살아있는 세계사 교과서〉〈라이브러리 세계사〉 등을 썼다. theodora@dreamwiz.com

박선희

초등학생들에게 처음 보여 주는 우리 역사는 어떤 모습이어야 할까? 무엇을, 어떻게 풀어내야 하나? 너무나 어려운 문제였다. 함께 고민하고, 실마리를 풀어 준 다른 선생님들이 없었다면, 아마 책이 나오지 못했겠지! 〈행복한 한국사 초등학교〉와 함께한 3년 동안, 마감에 쫓겨 밤을 새워 가며 글을 쓰느라 무척 힘들었지만, 우리 아이들이 훌쩍 자란 것처럼 나도 조금 성장한 것 같아 기쁘다. 내 옆에서 내 이야기를 들어 주고 거친 글을 읽어 준 우리집 남자들에게 사랑한다고 말하고 싶다.

행복한 한국사 초등학교 1, 2권 책임 집필. 연세대학교 사학과 졸업. 서울 고명중학교 교사. ssoohh@chol.com

방지원

〈행복한 한국사 초등학교〉가 나올 거라는 말을 들은 뒤부터, 가끔씩 독촉 전화를 하는 초등학교 동창생이 있다. "야! 그 책 언제 나오는 거야? 네 말만 믿고 기다리는데, 우리 아들 초등학교 졸업하기 전에 나오긴 하는 거냐?" 엊그제 그 친구에게 전화를 했다. "아줌마 친구야, 책 드디어 나온단다. 네 아들이 이제 5학년 되니까, 멋진 첫 독자가 되겠다." 그 사이에 중학생이 되어 버린 사랑하는 내 딸 민경이! 너랑 함께 쓰고 읽고 고민하던 시간이 엄마는 참 행복했단다.

행복한 한국사 초등학교 5, 6, 7권 책임 집필. 한국교원대학교 역사교육과와 같은 대학원 박사 과정 졸업. (전)서울 대영고등학교 교사. (현)신라대학교 역사교육과 교수. 전국역사교사모임 역사교육연구소 소장. 〈우리 아이들에게 역사를 어떻게 가르칠 것인가〉를 썼다. minggi67@hanmail.net

검토한 이

윤종배(서울 온곡중학교 교사), **이성호**(서울 배명중학교 교사), **홍석주**(경기 양서고등학교 교사)

행복한 한국사 초등학교

6 조선 사람들, 외침을 극복하다

지은이 | 전국역사교사모임

1판 1쇄 발행일 2009년 2월 16일
1판 4쇄 발행일 2010년 6월 21일

발행인 | 김학원
편집인 | 선완규
경영인 | 이상용
편집장 | 정미영 최세정 황서현 유소영
기획 | 임은선 진현휘 김은영 김서연 박정선 정다이
디자인 | 김태형 유주현
마케팅 | 하석진 김창규
저자·독자 서비스 | 조다영 함주미 (humanist@humanistbooks.com)
스캔·출력 | 이희수 com.
용지 | 화인페이퍼
인쇄 | 청아문화사
제본 | 정민제본

발행처 | 휴먼어린이
출판등록 제313-2006-000161호(2006년 7월 31일)
주소 | 서울시 마포구 연남동 564-40호 121-869
전화 | 02-335-4422 팩스 | 02-334-3427
홈페이지 | www.humanistbooks.com

ⓒ전국역사교사모임, 2009

ISBN 978-89-92527-14-9 73900
ISBN 978-89-92527-08-8(세트)

만든 사람들

기획 | 한필훈
편집 | 정미영(jmy2001@humanistbooks.com)
표지·본문 디자인 | AGI Society 이인영 박나래
일러스트 | 김창희 박미애
사진 | 서두일
문의 | 휴먼어린이 편집장 정미영(jmy2001@humanistbooks.com)

◎ 이 책은 저작권법에 따라 보호받는 저작물이므로 무단전재와 무단복제를 금합니다.
이 책의 전부 또는 일부를 이용하려면 반드시 저작권자와 휴먼어린이 출판사의 동의를 받아야 합니다.

2000여 역사 교사가 함께 만든

"내 아이에게 읽히고 싶은 역사책"

행복한 한국사 초등학교
(전10권)

전국역사교사모임 지음

1권	우리 역사의 시작
2권	삼국에서 남북국으로
3권	민족을 다시 통일한 고려
4권	세계 속의 코리아
5권	새 나라 조선이 들어서다
6권	조선 사람들, 외침을 극복하다
7권	세상을 바꾸려는 사람들
8권	조선이 품은 근대 국가의 꿈
9권	식민지를 넘어 해방의 시대로
10권	우리나라 대한민국

◉ 휴먼어린이는 〈행복한 한국사 초등학교〉(전10권)를 꾸준히 출간하여 2009년에 완간할 계획입니다. 1-10권의 사은품 응모권 10장을 모두 모아서 보내 주시는 분들께는 추첨을 통해 푸짐한 상품을 드립니다. 자세한 내용은 홈페이지(www.humanistbooks.com)를 통해 알려드리겠습니다.

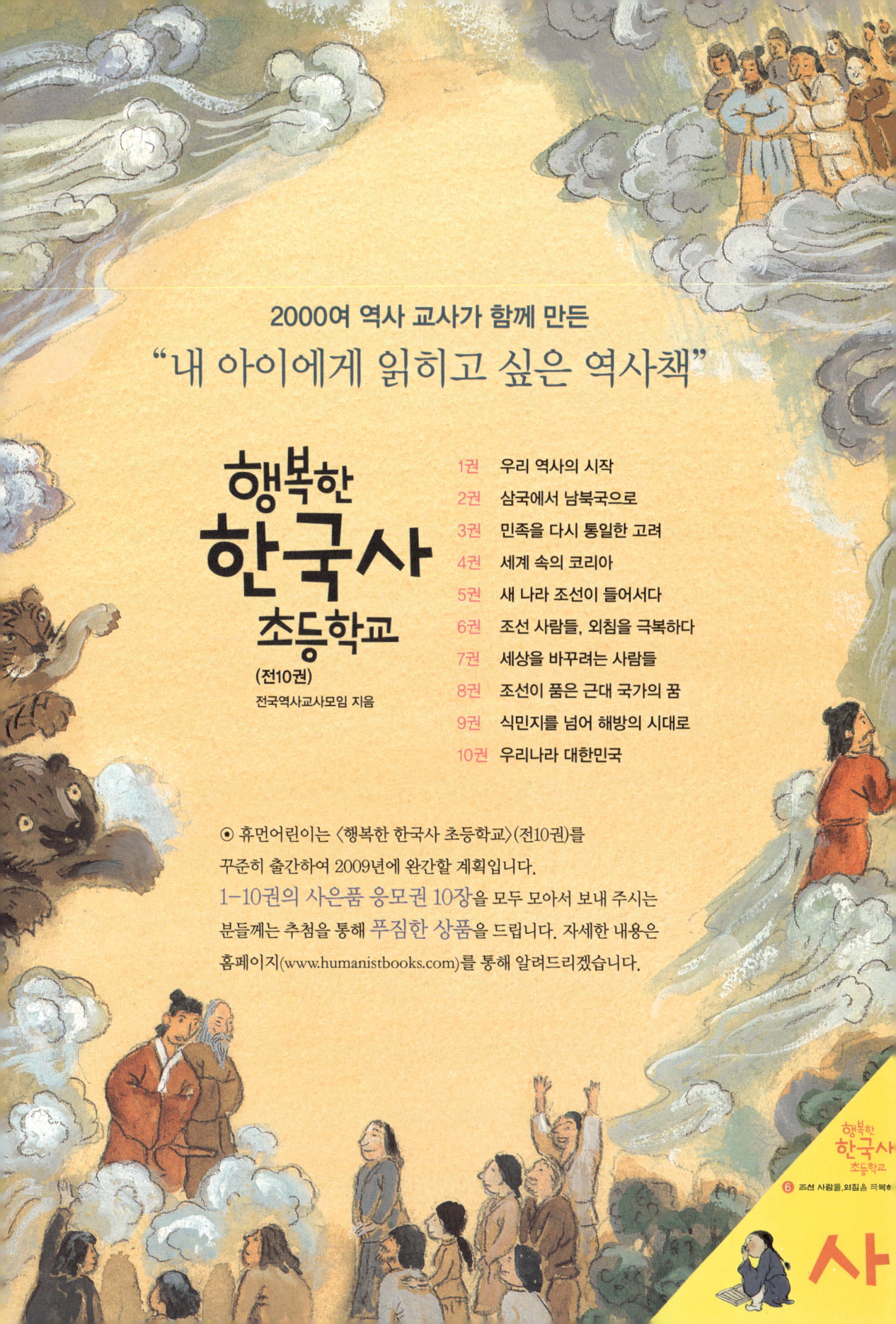